电波启示录

Air-Storming

〔美〕亨德里克·威廉·房龙◎著

周学政　谢晓雪　王文珺◎译

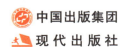

中国出版集团

现代出版社

图书在版编目（ＣＩＰ）数据

电波启示录 /（美）房龙著；周学政，王文珺，谢晓雪 译 . -- 北京：现代出版社，2016.3（2023.9 重印）
（房龙真知灼见系列）
ISBN 978-7-5143-4521-6

Ⅰ . ①电… Ⅱ . ①房… ②周… ③王… ④谢… Ⅲ .
①房龙，H.W.（1882 ~ 1944）—文集 Ⅳ . ① C539

中国版本图书馆 CIP 数据核字 (2016) 第 024230 号

电波启示录

著　　者	（美）亨德里克·威廉·房龙	
译　　者	周学政　谢晓雪　王文珺	
责任编辑	周显亮　哈曼	
出版发行	现代出版社	
地　　址	北京市安定门外安华里 504 号	
邮政编码	100011	
电　　话	010-64267325　010-64245264（传真）	
网　　址	www.1980xd.com	
电子信箱	xiandai@vip.sina.com	
印　　刷	永清县晔盛亚胶印有限公司	
开　　本	700mm×1000mm　1 / 16	
印　　张	10	
版　　次	2016 年 4 月第 1 版	
印　　次	2023 年 9 月第 5 次印刷	
书　　号	ISBN 978-7-5143-4521-6	
定　　价	58.00 元	

目录

目录

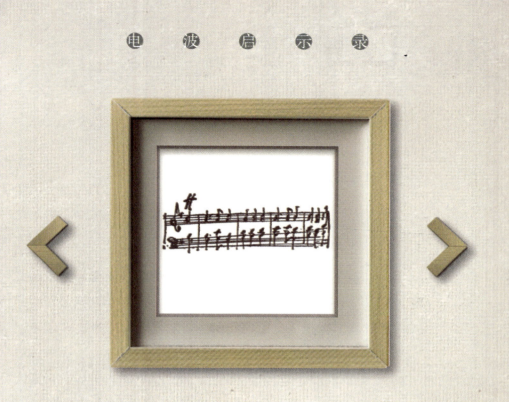

电波启示录

01 开始广播

这里是国家广播公司!

女士们，先生们，我们给您带来亨德里克·威廉·房龙的播音节目!

40篇短文、布道会谈……你喜欢哪篇就说哪篇……本书付印有这40次广播，它提供的信息却超过了全国广播公司的网络。这些广播过去你可能接触过，它们中的一些也许你还记得。东部标准时间，星期日和星期四的8时45分，是从1935年5月开始的。现在是1935年10月，他们仍在进行，似乎永无休止。

我原本是想让他们谈谈自己。我从来没有非常青睐艺术演示。有大量解释的图片、交响乐和寓言壁画往往价值很小。据我们所能找出的答案，这是第一次收集从未出版过的真正的广播。因此，这些小活动属于空中的部门，而不是视觉文学。

广播是处女缪斯女神最新收养的儿童，虽然婴儿已经有了惊人的增长，但它仍然真正属于幼儿园。我不会完全称之为问题儿童，（它就像健康和沙哑对于一头年轻的牛！）但毫无疑问，这是一个有问题的儿童。那就是我想说的问题。

一开始是口语。当时，还没有人发明通过保留口语造福子

孙后代的方法。
诗人念他的短
诗。他引入了韵
律，使其他人在
背诵时可能会遇
到较少的困难。因此，他所有的工作都受到对一种呼吁需要的影响，这种呼
吁是专门对耳朵而言的。因此，与文学无关的是眼睛。盲人荷马所起到的作
用与具有良好的两个眼睛的荷马一样。

接踵而至的是最令人吃惊的发明。腓尼基人制订了一个计划，其中口语
可以记录下来并且以具体的形式保留下来，这种形式是对眼睛的专门呼吁。
当然，还可能是大声地读书给其他人听，但是，对家庭圈或有扬声器的年轻
人来说那是一个奢侈的保留。有扬声器的年轻人是火车站的报站员，他用小
唱调读出时间表。因此，在过去的4000年，作者们为这些人写书，他们本应
通过他们的眼睛获得这些内容。今天的作者开始为那些不得不听取他们的耳
朵的人撰写作品。但人类的眼睛和耳朵以不同的方式起作用，这是众所周知
的。你可以用眼睛为公众写一类事情，但当你开始为公众写一些事情时，你
必须从完全不同的角度接近对象。为了理解你，这将完全取决于耳朵。

我给你举一个有点荒谬的例子。广播中，充斥着这样的"事件"，因为
每个播音员和每一个生产经理都会告诉你，这些"事件"似乎都以怪诞或荒
谬的方式运行。

在我们年轻的时候，我在外国人面前的一次演讲中提到了美国人的自我意识。当你在读《在狄更斯和特罗洛普的日子里》的时候，无论怎样，你预想不到他的任何内容。安东尼·特罗洛普这个名字在文字上模糊地提到了一位仍然相当有趣的著名多产作家。但是，凭空听到这些名字并让大写字母T从您的视野中消失，然后，查尔斯·狄更斯先生就真的突然访问我们非常奇怪的公司的办公室，这是不可能的！

你会告诉我，我正在利用这个不幸的境况提出一个观点，这个观点毕竟仅仅是一个细节。但广播，亲爱的读者，完全是一个细节问题。毕竟广播的成功取决于无线电机器。这种机器是以口语和金属性质的音乐占主导地位，除非作者或音乐家接受这一事实，并好好记住，否则，他势必感到悲伤。

此外，广播要服从时间。电台广播是由每秒和微秒都可能发生的意外事故和各种突发事件组成的，世界上迄今没有人能够绝对保证防止意外和突发事件。当康德开始担心世界上的"自在之物"，他一定想到电台。因为电台是完全的自我实现的东西。它顽固地（相当成功，我伤心地说）拒绝用任何其他艺术认识自己，它不承认法则，但是，它选择最神圣的地方——隔音室的那些规则。在这个最神圣的地方站着一位神灵，支配着天空中看不见的领域。专业的人都知道迈克，相比之下，万能的朱庇特和雷鸣般的耶和华已萎缩到最无害的业余人士。如果历史和传统是可以相信的，那么，这些古代贤人偶尔被捕获，是因为一丝藏在浓密的眉毛后面的怜悯。另外，迈克是完全非个人的，作为一个没有灵魂的"本身的事"，不知道怜悯这个词的意思。迈克要重复最崇高的巴赫赋格曲就是要重申伟大美国崛起的所有先知最甜蜜、最不着边际的胡话。如果整个地球的最强大的统治者希望向他的人民报告一个极为重要的课题，但决定这样做的同时，仍会受最近的国宴的影响，迈克会很欢快的，即使这一伟大而光荣的主权仅仅是一个官方的小小鱼市场，他也会在空中向市民提供一刻钟一些当地的气氛。

像所有暴君一样，迈克没有年龄、阶级、成就或一个人以前曾服劳役的偏见。因此，我们大家——当我这样说，我的意思是所有——我们发现自己面对迈克时是喑哑的。即使是经验最丰富的口语名家，刚刚面对上万崇拜者的现场活动，当播音员小声说"还有十秒钟，我们现在就要开始"时，也会被吓得说不出话来，显得很笨拙。

我不知道为什么是这样，但每一个同我讨论过这个问题的人似乎都同意我的看法。自从摩西在西奈平原向民众演说之后，也许这种无奈在我们发现自己突然被剥夺了一切，而公众的发言者一向在他们的指挥之下就会出现。

例如，当我亲自和一组人谈话，他们看着我本人，突然发现我的荷兰口音与我在荷兰的一般外貌是一致的，因此，我可以使用所有的窍门，即使是最笨拙的公众发言人，也会在三十年的实践里或多或少学到点什么。此外，我可以加快欢快的剪辑，也可以减缓小跑（视场合和时钟而定），我可以在观众中发挥这一组，或者是那一段……总之，任何时间我都知道自己该做什么……我知道我站位的时间和怎么站，也知道我的观众会以何种方式反应……或者是否需要手势或动作。

但是，当我坐在8电台E区那个小麦克前，我的声音就以亿万英里的速度在人类现实世界里穿梭。我手头上除了要克服一些难词的发音外，似乎没有别的，完全没有。这好像变得更加困难，事实是，它们曾被写在冰冷的印刷品上，现在必须升华为温暖的声音。没有任何动作或手势可以帮助我，看不见笑容，但要听出讨好；看不见皱眉头，但要能听出绝望，只有尽我所能。在得到最后评判的前一天我会保持镇定，但微弱的声音掩盖了我过去的一切物质和荣耀，评判之前，我还是会颤抖。

为了能在这种可怕的情况下制造一些缓和的假象，我需要从单纯的书面或印刷页面得到完全不同的东西。无论眼睛得到什么样的书面命令，永远不会完全满足耳朵，除非眼睛同时能通过一些无形建议补充发言者的部分讲话，而这无形的建议，即使我们所有人最勤奋的搜索，也很少有人发现。

因此，我渐渐发现了一种无线电手动短波，这对我来说，要达到我想获得的近似效果更容易些。我告别了旧文学的形式，现在写了很多广播谈话和各种奇怪的象形文字。此外，我每天会在日常用语中重复我的一部分句子……我来来回回地，常常说过的话再从头说……当我们正常交谈时，我会像录广播一样打断自己。

遗憾的是，这样一本书几乎不能读，印有轻松愉悦的或不轻松愉快内容的，都没有利润。因此，我对原稿进行了改动，但非常少。总的来说，我在不改变原文意图的基础上给了一些小嘱托，甚至冒着制造冗长气氛的风险。如果这些作品被口述出来而不是阅读，但愿这么长的节目并不十分明显。

我觉得，这个节目是我最理想的节目。女士们，先生们，我们现在开始！

今晚，我会和你谈谈一个被遗忘的人。不是惊悚片《被遗忘的人》，不要害怕。随着《兄弟，能给我一毛钱吗？》这首歌的快乐基调，在这短短的15分钟过去之前，你不会被娱乐，也不会被谈及你的慈善机构。因为这个，已经在我脑子里被遗忘的人才刚好能够满足他非常低微的需要。只要他能偶尔支付他的面包师傅、屠夫、书商费用，并每隔15年有一个新的晚礼服，他就会满足，他要求的很少。倘若他可以不受阻碍地工作，并且可以依着良心做事就会满足；倘若他的一些智障学生的父母（还记得那些父母把孩子托付给他照顾，只要这些孩子有一点聪明，就会有正常人一半的智力）……倘若这些善良的傻瓜不通过故意歪曲他实际上的教学给他添麻烦，他会满足……他真的没有要求多少，他要求的只是在更幸福的社会成员中被认为是必不可少的东西。

这个时候，你无疑已经猜到我心里在想些什么。如果大家同意的话，我打算要说说历史学家。没有给另一个电台拨电话，就说明你们同意了。花几分钟时间在我自己的历史专业，说说历史专家。

现在，专家这个词和现代社会专家的立场都有一些奇怪。字典上说，专家是有经验的人。经验这个词由罗马人传入，意思是"置于考验的东西"。因此，一个造桥专家是建了许多桥梁的人，并且把桥梁、水流和潮汐以及洪水和土壤进行测试，直到他相当准确地知道在什么场所建立什么类型的桥梁，使之既不会下沉到土壤中的沙子里，也不会被早春的洪水毁坏。古人认识到技能只有从实践中才能得来，而实践是一个关乎耐心和耐力的问题。这不是一个超人的世界，但非常令人惊讶的是，大多数平民百姓都能通过锲而不舍的实践做成了了不起的事。因此，总的来说，这个世界已经认识到专家的信仰和他本身是分不开的，有经验的人和他的信仰也是分不开的。并非因为相信他必然是一个天才，他可能会在其他方面是一个能力非常平庸的人，但他的经验积累使他会在最适合他的工作上有所作为。我们因此而尊敬他，甚至有些惧怕他，就像波利尼西亚一个岛上的当地人害怕他们的医师一样。每当我们需要专家意见的时候我们就咨询他。

有一个例外。这个例外就是历史学家——我们社会结构中被遗忘的人，这个和蔼可亲、有耐心的学者，就全球来说，可能会为全世界做图片拼图或扑克牌，他能够影响我们的日常生活。

现在，我认识到，你们中间肯定有一些人会说："很好，那又怎样？历史有什么好处给过我们？我们已经受够了这些理论研究员，他们知道的都是无用的知识。我们要的是人的实践。"

我也承认，普通的历史学家并不是一个实际的政治家。如果要求就某一问题与一个立法机关或市议会的著名政治家进行辩论，他会急切地提出观点，并很可能会被迫离开全部观众关注的中心舞台。

但是，我感激地说，那些观众不是最终决定我们共和国命运的观众。还有其他的观众说，必须进行重建的实际工作。对于这些观众的观点，我建议起用非常有用的人，就是那些迄今几乎被完全遗忘的历史学家——过去事件的专家。

有些人的话是正确的，那些不熟悉过去的人在不久的将来自己一定会重复过去的失误和错误。因为他们就像不会汲取过去经验的医生或工程师，用石刀做手术或用铁锹和镐挖隧道。

我不要求对历史错误了如指掌的人会自动防止每一个市民在未来犯下这些同样的错误。唉，整个人类永远不会从经验中学习到东西。我不知道为什么会这样。可能那些小笑话之一，是通过大自然让后来人的生活更有趣。但也有一些人，会经常把手指放在牙医桌子上的小灯里"看它是否真正燃烧"，直到他们最后的日子还会继续发挥作用。不管他们过去怎样被频繁打扰，他们相信他们能够击败驶在平交道的列车，无论在过去有过多么痛苦的经历。我们最好把那些问题丢给警察、法院和承办单位，因为我们什么也不能说，什么也不能做。他们是这样讨厌的人，就像不可救药的酗酒者或不良双关语的制造商。因此，让我们忘记他们，因为世界的实际工作将必须由单调、正常和聪慧的社会公民来做，那些人单纯到仍然认为人类有责任履行自己的负担，而不是为了一辆卡车就闹到政府。谁不想有12个孩子，当他们只能供养3个的时候，他们只能无奈地接受这样的事实。他们怜悯的神除了辛劳换来的汗水别的什么也没有赐予他们。

当我们这些所谓的人类成员的所说所做是为了划分等级时，我猜想，与我们生活的行星的各个年代相比，我们现在仍然栖息在树上的不怎么优雅的表兄弟那才真的是我们事业的开始。人类出现并不久远。我们中的大多数是穴居人的后代，现在开着抢眼的节能小型车到处跑，发明这种车是为了人类的利益。我们发现，人类花了20万年时间学习用后腿走路，并且花了同样长的时间来摆脱下颌凸出，只有它消失了才可以发展任何类型的讲话，而保留人类语言方式的发明（除了写作，还有什么能成为我们整个文明的基础呢？）距我们大约只有12000年。当你意识到，从我们最早的祖先开始到我们可以模糊意识他们亲戚关系的发展，已经有六万代到七万代的时间，那么，你会一下子明白，相对于其他的发明创造，在历史研究上我们仍然只是孩子，只是初学者，大多数没有外在帮助仅凭自学的业余爱好者每一件事必须从头学起。但无论我们知道什么，不管我们在无数激烈冲突和斗争的岁月里得到过什么，凡此种种都诞生于疑虑，一种智慧的怀疑，一个有目的的怀疑。疑问使人想知道，远处山脉的那边会隐藏着什么；疑问给了我们当中最勇敢的人以勇气，去攻陷神山，他们坚持揭露那些使人类最终可以从无知和恐惧的束缚当中自我解放出来的秘密。

因此，我所知道的历史故事教给我一个道理。质疑能发掘你最勤奋的一面，这种怀疑最终将给你幸福。此刻，我说的恐怕有点复杂难懂，并且今天的说教也有点儿晚了。所以，今天就说到这儿吧，我们下周四8:45再见。

　　阿拉伯的劳伦斯死了，并且人们对劳伦斯不管是在阿拉伯的住址还是在月球的下落都没有很多的概念，但是，人们都在互相转告："这是一个非常严肃的消息……真的非常严肃……阿拉伯的劳伦斯死了。"

　　阿拉伯的劳伦斯死了，此时，那些在战争结束之后坚决反对他的政策的报纸现在都在传播这个消息……他说过、做过的一切，是一个体面男人的政策，他相信国家像一个人一样，应该坚持十诫中的一些戒律……现在，这些报纸都在写着长篇庄严的社论，来歌颂这位伟大的爱国者的一生。

　　当然，劳伦斯是一位伟大的人，任何有着辉煌成就的人在抛下最后一块石头的时候，都会对他自己的国家有一个不可弥补的损失。我们的世界（不管我们愿不愿意承认）是通过某一个人而不是通过大众取得社会的进步。但是，那些民众非常乐意接受个别人通过自己的能力创造的充分利益，会对他们特殊的个人产生一种本能的胆怯，并且大多数人会恨他，如果给他们一般的机会，他们将毫不犹豫地伤害他。那时，当毁坏的工作完成时，他们将突然对他们勇敢举动的后果产生恐惧。

　　我们不太乐意承认他们是这个世界上最好的，但迄今为止，那些优秀的个人，也是这个世界的恩人，已经毫无疑问被认为是这个世界上最大的威胁。但

是，多年后，当最后的平衡形成时，这个世界为它的愚蠢感到后悔，并且为后来者和那些因为嫉妒和不信任的受害者树立一些纪念碑和塑像。

同时，英雄已经死了，而且他确实死了。当然，对于那些健在的亲人朋友来说，这些塑像还是比较让人愉快的。但是，在一个人的一生中，一些让人鼓舞的认同对他还是非常好的。尽管如此，那些明智的英雄事先知道，这个认同不是在一张卡片中，并且，只要他得到一个机会，就会消失在现实中，安静地退到他的卷心菜地里，将余下的日子集中在郁金香和萝卜上。跟人类比较，这些谦逊的花朵更善良，更懂得感恩。

纵览我们的历史和所有其他国家的历史，约翰·菲奇——那个给我们轮船、让我们加速向西方开放并且在争取自由中发挥巨大作用的人——死于自杀，他对同胞们的嘲笑和不理解感到绝望。富尔顿，那个时代进步的推动者，他那让通用轮船垄断所有河流湖泊的野心，推动了蒸汽航运的发展，赢得了声誉。即使在今天，百岁老人也几乎听不到关于这位老英雄的故事。富尔顿把外国发动机安装在国内的废船上，并且赤裸裸重复约翰·菲奇的成功。很多年以前，约翰·菲奇已经定期使用轮船航线。

相比任何其他外交代表，康涅狄格州的赛勒斯·迪恩为我们做了更多的国外情况的分析（例如，他给我们提供拉法耶特和冯·斯托本服务，他们两个人在道德威信方面的价值比整个团的士兵都要好）。他成为对手嫉妒的牺牲品，一个品质很低劣的人造成贫困的迪恩成为这种怀疑和仇恨情绪的国内民众的反对对象，最后他被迫耻辱地返回美国。与此同时，他资助国外的美国事务，那完全是出于他自己的口袋，最后，他死于破产。数年后，国会在一定程度上补偿了他的后代，但迪恩已埋葬在海底某处（他死在了回家的旅程中），这就是他从同时代人的爱心里得到的唯一回报。

但是，为什么要继续呢？这些例子不胜枚举。不要告诉我这是我的偏见，我给你这个我入籍的国家的历史例子，我的祖国蓄意谋杀了它的两个最大的爱国者。一个是通过挤满法庭的不雅来判决一个伟大、高尚的灵魂。另一个是用一些暴徒的手段，允许把他分成很多片，将手指和脚趾卖给这些暴徒作为纪念品，因为他的敌人故意取消了他被诬告所住的监狱的警察保护。

并且，我问你，为什么圣女贞德从她热爱的法国被送到英国呢？这是因为英国相对法国来说更容易得到赦免。在中世纪，俘虏只是一种投资，就像现代投资股份公司一样。因此，每一个俘虏都有他或她的价格，或者因为地位低而没有一个好的价格，他立即被杀死。但是，无论是法国国王，还是他的议员对此都没有进一步思考过。

一般说来，我们思考着几个世纪以来的人类，我们很容易去说"我们一直是这样"，但是，我们很容易忘记这个"一直"应该是跟这个世界上存在的一段时间的比较。我们对以前的历史根本不是十分了解，直到文字的发明。这个发明，只要我们能找到，发生在160代以前。人类开始或多或少像现在的自己那样之前，已经有另外的4万代存在了。因此，我们只是开创者，我们这些穴居人在城市里开的车，是其他发明者创造的而不是我们自己。对那些标榜为正派和思考者的人类进步先驱微小的成就抱怨得这么大声是没有用的。

在适当的时间，我们发现应该有这样一门关于生活的艺术，毫无疑问，我们应该做得更好。但是，在那个时候，在理解伟大这个事上和对那些特殊人的贡献的赞赏上，我们不比3000多年前的人做得更好。我们需要这些人，需要这些特殊的人，因为没有他们，我们现在依然在树上来回穿梭，或者在一堆长满青苔的乱石后面瑟瑟发抖。我们需要他们，但我们真的讨厌他们、怀疑他们，因为他们让我们觉得剩下的只有可怜了。

而且，阿拉伯的劳伦斯死了，葬在他的谦逊的坟墓里，在他的职业生涯还未完结时他就死了。或许我们应该告诉大家，英国对待他的方式是不明智的，但是，我们确信在下一个拐弯处不会有劳伦斯了吗？

我想啊，想啊，我希望你有一个好梦！

13

当下，我会经常听到我的朋友的一些无关痛痒的言论，我的这些朋友或者是对等待1928年的楼宇建筑的蓬勃发展而引起的繁荣重新影响到他们自己的家里感到厌烦了，不愿意继续等下去，有的是正盼望着有新的政策能够拯救他们于水火，有时候他们就直接问我是不是变成了法西斯主义者又或者我是不是从心里开始崇拜那个战争狂人，那个骑在马背上的人，又或者是我碰巧加入到了休伊·龙阁下或者是其他独裁者的光荣旗帜下啦？

听说过并真正见到过这个雍容大度并视人民为朋友的统治者之后，我很遗憾地说我只把伟大的路易斯国王的这个继任者的出现看成是一个少见的意外，就像是遗传基因很完美的家庭偶尔也会出现长相不吸引人甚至让人很不舒服的小孩子，这些现象的出现没有别的原因，只是为了保持均衡的自然法则。

关于金菲什阁下就说这些，但是，因为我们处在危险的边缘，我现在讨论在公开或者半公开的场合中一些不详的沉默中传递开来的东西。不是因为这些被传递的内容本身不重要，而是因为在我们所能接触到的有限民主中没有什么比少数派高度有组织地聚集在一起让控制信息的当局更感到恐慌的，因为对于这些当局者来说，人民大众需要保持一种完全无知的状态，报纸和杂志有固定的样式，但它们也是紧跟现实变化的。

就像我前面所说的，我曾经从卡尔·马克思的追随者那里听说了他关于经济上和精神上的一些新的观点和启示。在这里，我说的马克思指的是那个被称为"大毒草"的那本书里的

马克思而不是著名的四兄弟中那个不知名的亲戚。在我认识到那些哲学家的巨大精神作用之前，我就对这位前《纽约论坛报》的记者的超凡智慧有很深的了解。用我一生大部分的时间为了宽容和"生存和让别人生存"的普世的观点而战斗，我不相信、也不喜欢那些来到我面前的、手捧着所谓的拯救世界的蓝图、自称为先知的人。马克思和那些所谓的先知不一样，他清楚地知道我们这个社会秩序哪里出了问题，也知道我们社会的那些错误该如何纠正。因此，马克思最狂热的那些信仰者并不都像我们通常所说的宽容的人，他们同样也会做出一些荒谬的事，他们也会对自己的对手做最猛烈的攻击。

不管怎么说、怎么做，我们不是孤单地生活在这个星球上。我们偶然间相信政府现在采取的民主形式对于人类来说是最好的形式。就我个人来说，我完全同意这种观点，虽然我清楚地知道这种民主形式的缺点。但同时，我意识到在这个世界上还有一半以上的人生活在另一种政府的统治之下，这种统治形式和民主形式完全不一样，这是一种专制独裁的形式。如果我们对这种形式不了解就等于是一种全民性的自杀，这种愚蠢的程度和我们因为不喜欢伤寒而不愿意去了解它一样。

把这些事情保持成一个深刻的秘密的企图，让我想起了在"二战"期间一些所谓的救星，他们坚持停止教授德语，因此，有很多学校就用西班牙语代替了德语。但是，这对于一个战场上的可怜的美国男孩儿来说是致命的，他蜷缩在一个地方，不断向德国的防线靠近，明明听见德国哨兵在不远处喊话让他停止靠近，他却一个字都听不懂，因为他没有学习过德语。原来一句德国俚语就可以拯救他的生命，学习西班牙语成为了他致命的弱点，他的死亡完全是被他的同胞们逼出来的，而不是自愿的无知导致的。

当然，这种善意的鼠目寸光自古就存在，就像山峰一样古老。在远去的中世纪那些狂热的基督教徒认为，为了更清楚地了解他们的宗教的创立者所说的每一句话，他们应该熟悉希腊语，福音书最开始就是用这种语言记录下来的。拉丁文版本的福音书不能使他们满意，他们要写一个希腊语版本的，并且要保存下来，因此，希腊语很快就成为一种让人疑惑的语言，成为一种不规范的危险的精神调查书。懂得希腊语会导致人性格上的多疑，就像是一个热切的陀思妥耶夫斯基和托尔斯泰语言的学习者，经常会被人问到他所学习的这些语言到底是什么意思。因此，有一些不成文的规则在语言学习中流行开来，当学生们在他们的拉丁文中偶尔遇到几个希腊语单词，他们必须跳过去。这样看起好像真的对学生有一些好处，好像他们真的不去探究这些希腊词到底是什么意思。但是，当他们的老师转身面向黑板、背对他们的时候，他们就立马拿出词典去查这些单词的意思。

当然，这样的办法并不是只有人类才会使用。一种叫作鸵鸟的鸟类也是这样逃避的。但鸵鸟好像在生存斗争中经常处于劣势，而且当我们谈论起鸟类朋友谁最聪明时，我们也经常不会指鸵鸟。

我们当中有些人至今都认为古老的语言文字样式在我们最后300年的进步中发挥着重要作用，现在，我们会发现自己身处两队凶残的军队中间，他们都在以相同的力量把自己的毒箭射向我们，他们想把我们变成懦夫，让我们顺从地选择走中间道路。但我们的救星往往就在最左边或者最右边的阵营里。根据我们简单的思维方式，我们会发现，一切想要阻止世界的一半人去发现另一半人是如何生活的企图都是荒谬愚蠢的。有些人被谴责为叛徒，那是因为他们不知道在我们人类的内心里，无知才是我们最本质的需求，不管我们生活在哪个国家，但起码我们生活在自己的世界里。

05 5月30日

拿破仑哭了！这真的是新闻。对于拿破仑来说，虽然偶尔癫痫病会发作，但毫无疑问，他是以强悍著称的名人一族中的成员。因此，他一直被认为是上天注定的统治者，而不是作为著名的哭泣者被记住。

这些"哭泣门"的绅士们在人类历史的纪事中还有一席之地。他们很少在公共场所哭泣，但作为神经系统高度发达的人类，他们的神经条有时也会崩断，这时，他们就会受到神经系统无法解释的哭泣指令的侵袭，眼泪就掉下来了。如此看来，这个过程是无法补救的。

时间回到1811年1月21日，这位伟大的帝王站在宫殿的窗口前，他在哭泣，苦涩的眼泪洒在地毯的每个角落，就连很昂贵的新地毯也被洒上了泪水。对他来说，想要有人跟他共同分担烦恼、让他依靠是一件很难的事情。

波拿巴家族的伟大儿子、科西嘉岛的爱国者、空闲时还会去做公证人的拿破仑，当他不忙于他热爱的科西嘉岛和日益壮大的民族的时候，他会去做一些优雅的事来和他政治上的作为保持平衡。一个最接近于查理曼大帝的继承人的人，被加冕神圣的王冠，拥有有趣的意大利口音和恺撒大帝的手势，是君王最信任的人之一，曾经是坚决的革命者之一，现在却变成了一个狂热的帝国主义者，或者正是这种想成为君王的冒险最后导致了整个帝国的悲剧。

"唉！"小个子的科西嘉人叹息着，我似乎看见他在用宫殿的窗帘擦拭自己的眼泪，就像伦勃朗的那幅画《所罗》画的君王一样，在画中，大卫王正在为所罗王弹着竖琴，而后者沉浸在自己的痛苦中，不断地擤着鼻涕，画面上同样有一张漂亮并且昂贵的东方地毯。"唉！"小个子的科西嘉人叹息着，"我有什么理由不哭呢，因为我亲爱的舅舅就是今天被处死的"。

因此，整个朝廷上下一片惊愕。当国王提到他的舅舅的时候，大家马上就想到了费什红衣主教。其实，他不是拿破仑的亲舅舅，只不过他的父亲娶了拿破仑的外公遗孀。同样，约瑟夫舅舅和拿破仑的母亲一样是一位举足轻重的人物。他和这位姐姐一起负责教育家里这一群吵吵闹闹的孩子，这些孩子们即使在拿破仑帝国最辉煌的时候也没有改变自己身上那种来自地中海附近一个落后小镇上的暴发户的本性。

但是，众所周知，拿破仑的舅舅一直做得非常好，即使后来他和他的外甥的关系并不像原来那么友好，主要是因为他反对拿破仑对待罗马教皇的方式。其实，他早就敏锐地感觉到自己与外甥的关系变得糟糕起来。这就是那位因为悲剧的命运使得皇帝不断掉下苦涩的眼泪的人。

塔列朗这个高智商的流氓是拿破仑复辟闹剧或者叫戏剧（是闹剧还是戏剧，大家自己判断，我也有自己的判断）的始作俑者，他从来没有忘记过要复辟，但如果他不做这些事情，最后将会是谁来解决这个问题呢？

我们正在讨论的这位舅舅，塔列朗一定记得，他和1793年1月21日被处死的国王路易十六一样也被处死，他反对担保信托公司，认为这种组织要是存在的话就会出租窗口给那些法国大革命的狂热分子以获取巨额的利润。一旦这样的联系建立起来了，就很容易延续下去。拿破仑娶了奥地利的玛丽·路易斯，而玛丽·路易斯又是路易十六妻子（在法国大革命中被处死）的侄女。因此，拿破仑是对的，通过婚姻他变成了国王路易十六的侄女婿。他，这个小个子的科西嘉人，这个曾经只领半薪的士兵中尉，这个曾经的图书代理商，这个带着家乡的口音并毫无教养、笨拙的小个子意大利男孩儿，曾经是整个巴黎的笑料。但娶了寡妇约瑟芬的拿破仑，却成了整个欧洲的笑柄。他，这个波拿巴家族的首领，其责任和梦想就是为自己的兄弟姐妹找丈夫或者情人或者金银珠宝。现在，这个原本无足轻重的小个子短短的几年时间就成为了国王的侄女婿。

我给你们讲述这个故事，因为它并不仅仅是一件简单的名人逸事。它是了解拿破仑的关键，顺便说一句，它也是了解每一个男女的关键。我们陆生生物（我认为这样称呼，所有的人都没有意见）生活的目的就是获得幸福，因此，问题来了："到底什么是幸福？"

我曾试图用我所能找到的所有词汇去定义幸福，但是，我觉得最后我在塞纳河畔的某个地方找到了幸福的定义，当一个人所做的事情在他看来能够体现他的价值时，这个人就会觉得幸福。

我希望大家注意我说的这个词"他的"，因为这才是问题的核心。我们外人怎样看待他人的幸福其实并不重要，因为没有人能够准确地判断别人内心幸福的标准，它隐藏在每一个人灵魂最深处和最黑暗的地方，只有这个标准才能解释每个人内心最深处真正的幸福。如果一个人在社会上所扮演的角色能够真正实现他眼中的价值，那么，这个人就是幸福的。

拿破仑是个小个子，小个子的人经常处于劣势，除非他们天生具有滑稽乐观的健康心理，否则，他们会自然而然地认为自己经常会被看不起，成为他人嘲笑的对

象。我的朋友们，请注意，在历史上，有野心的小个子往往更容易成为麻烦的制造者。小个子对正常人可能还没有感觉到的侮辱更加敏感。他会骑在最高大的马背上压迫人民大众，他会装腔作势地大喊大叫，只是为了掩饰他所谓的自卑感。他经常会挥舞着自己的剑，说话时总是故意拉长声音，而且经常说一些毫无价值的话，比如"命运、爱国主义"等一些毫无意义的夸张。但是，这些对他们自己来说并不是毫无意义的，绝对不是！因为在他们的内心深处，他们想扮演一个巨人的角色，却因为自己个子矮小而被嘲笑。因此，当他们最后变成伟人的时候也会成为整个社会的威胁。照这样看来，小个子的人不仅仅是要保持自我，在他们的眼中自己可能比现实中还要伟大，他们将彻底陷入自己建造的超人王国里，直至精神失常。

以上我所讲述的这些观点代表我个人的看法，感谢我的良师益友全国广播公司，1956年我又重新回到了这里，希望广大朋友对我的观点批评指正。但是，总的来说，我认为我的观点是正确的。

06 6月2日

那个夜晚天堂之门一定已经敞开，因为如果这是真的（因为我们有理由相信）——诚实是所有美德中最为高尚的，那么，一个温暖的欢迎一定已经在等待那个疲惫的朝拜者，而这个朝拜者甚至在已经准备他的所有奇怪的冒险活动中最后的也是最伟大的一次。

作为一个从卡普雷拉小岛来的疲惫的流浪者，他不会因为语言问题而烦恼，因为他的一生都在旅行中度过。他拒绝了所有的头衔和荣誉。他拒绝了一个录用通知，这个录用对他来说意味着大量的财富，然而最终他接受了一个相对较小的赏赐，也许他对他的家庭有过一些承诺。因为他一直忙于其他或者更重要的事情，这些事情占据了他的大部分宝贵的时间，比如他收集基本的材料性的物体，他自己卑微地仅需要一件旧衬衫，那件著名的红色衬衫常常被证明对敌人的影响比对整个团的战士的影响更为恶劣。那时，他有一把不管是因为高兴还是愤怒都从来没有被拔出来的剑。或许迫于生计的压力，他的一生中的很多年都在田地中度过，当他过得没有他那些最普通的战友好的时候，上帝知道，这些老战士是被迫接受现状，并把选择少、纪律严的现状当律条。但肯定的是，在接近最终的审判宝座时，没有人能够有希望得到更好的奖赏，除了仅仅得到一件衣服。

公元1882年的6月2日，并且肯定的是，记录天使写下朱塞佩·加里波第的名字的时候，天堂之门必定已经打开，朱塞

佩·加里波第虽是意大利人，却成为世界公民。这是历史上最让人困惑的事实之一，那些真正伟大的人既很好地为他们自己的人民服务，又最忠实地为人类服务。

我们不再拥有像加里波第那样的人。虽然家族幸存了下来，但种族本身似乎已经灭绝了。他们就像所有伟大的领袖一样，是自己所处时代的产物。中世纪的加里波第穿着皇室的或罗马教皇的颜色的衣服，在绞刑台和刽子手的控制下很快结束了他的生命。在加里波第诞生之前的100年或者仅仅50年，他可能会被哈布斯堡王朝或波旁王朝的刽子手执行绞刑，同时，他的家庭（因为外国人执政后对这个不幸的国家施以暴政，这是在这些被外国人所执政的朝代中最为引人注目的习俗）将会收到一张因为使用绳索和绞刑架而开的票据，付给绳索和当地的刽子手的里拉（意大利货币）实在是太多了。

但是，19世纪中期为他和他的同类提供了一个绝佳的机会，加里波第比他的几乎任何一个革命同事都更好地利用了这些机会。这是真的，他的爱国同胞们用自己的笔端热烈地支持他，在这种情况下，刀剑和钢笔联合起来发挥作用。并且，如果没有这些沉默的绘图仪和策划阴谋的密谋者，意大利的联盟也许被那些大国的刺耳难听的音乐所摧毁，这些大国自臭名昭著的维也纳会议之后，就应该对世界上大多数的苦难负责。

或许我有点儿苛刻，但是，当面对故意和恣意的愚蠢时，我对持有偏见的人总是很难保持礼貌。在这种情况下，即便像梅特涅和塔列朗那样的人，拥有聪慧的头脑，能够长远地看待事物，也曾经表达出还不如他们自己的贵族鼻子长的观点，这样愚蠢的事情可能只是预谋问题。

问题出现了，我所谓的愚蠢是什么呢？我认为愚蠢就是在一个人搞清楚特定情形的真实组成之前，没有能力将情形进行解体和对组成情形的各个片段进行研究。简而言之，愚蠢就是没有能力对情形进行解体和研究。

那么，在1815年滑铁卢拿破仑倒台事件和他被流放到圣赫勒拿岛事件后的那段时间，欧洲是什么状况呢？

拿破仑，永远的最了不起的佣兵队长，作为18世纪新政的先知开始了他的事业，新政基于自由、博爱和平等三部曲。在此后的时间，拿破仑像大多数人那样。在诱惑（所有候选人永恒梦想的超人荣誉）下，他的一切都由他自己亲自完成。结果，世界经历了十年可怕的独裁反动统治，一个潦草的难以辨认的大写字母N很难出现在半页纸的底部，拿破仑代替了整个国家的意志，并成功摧毁了整个大陆的野心。

但是，18世纪的新政又与我们自己的新政大致相同。事实可能很容易被压制，但我们生活的这个世界不仅只有面包，更重要的还有思想。一条相当陈旧和平庸的信息总是被重复。热情的洪水扫过欧洲大陆形成强大的"马赛曲"局面——这股洪水，就像每年尼罗河的洪水一样，退潮后甚至会留下一层饱含丰富想法的厚实土壤，并且新的制度肯定地否认任何一群人都没有在违背他人意愿的基础上对他人进行控制的权利。

然而，他们在维也纳的阁下，应时代的自然要求恣意地闭上了他们的眼睛。他们设法做人类没有做过的，他们设法强迫时钟的指针向后倒退。并且故意地，在一个充满民族愿望的世界上，竭力重建人造王国和公国，这些可以满足一千个人和一个幼年王子的需要，但却毫不理会成千上万人的愿望。

这些愿望帮助了他们自己。并且他们做到了，到目前为止，他们没有被绞死，也没有被枪击，更没有被关在皇室或王室或教皇的某些黑暗的地牢里，永远消失。

偶尔会因为这样不平衡的条件打一场战争。因为战争，像加里波第那样的人的生活读起来像童话故事，结合着亚瑟国王圆桌英雄之一的探险活动。

加里波第通过海上造反运动来开创他的事业，并且在27岁时被判处了人生中的第一次死刑。但他逃到了南美洲，并且在那里，他帮助乌拉圭人民实现了他们的独立。然后，他回到意大利，因为在另外一项运动中散布着一个谣言，目的是为了将他的家乡从哈布斯堡王室、波旁王室和那个奇怪的专制主义这些愚笨的规则中解脱。这些规则与波旁王室的粗暴以及哈布斯堡的严厉一同控制着整个城市，所有的意大利好人，甚至是从但丁时代开始就盼望着看到他的家乡重建成为他们全国生活的中心。

但是，大国在坚持和平与稳定上不惜任何代价，并且有其他计划，任何人不要妄想仅仅在由爱国者所组成的装备不良的一个营的帮助下就击败他们。他们的维也纳阁下和邦巴国王在那不勒斯的佣工不得不与自己的军火、与阴谋和贿赂、与敌对部队的意想不到的组合中暗藏的威胁进行抗战。

因此，惨淡的斗争在持续着。一个精明且格外顽强的王室被加富尔伯爵漂亮地支持着——然后，每当仅仅是纸上的阴谋结束了的时候，无穷的勇气、能力和军事能力就涌现出来。军事能力可能被囊括到及时通知里面。然而，当已经恢复到和平谈判时代的时候，即在那些破旧的小旅馆的一个桌子上签订很多最著名的历史条约的时候，军事能力（更加难以置信的坚持）可能实际上已经不被谈起。有很多人拥有强大的作战能力，也有许多人愿意为了国家做出个人牺牲，但却基本没有人那么完全地准备放弃所有个人所得或名望，而成为从卡佩雷拉小岛上来的奇怪公民。

然而，对于一个成功的、受欢迎的英雄，他可能主宰着自己的任期，并且史无前例地在那个精确的契机承认明显的败仗，放弃所有的进一步敌对，

因这样做看上去似乎是他的国家的最大兴趣，即一位成功的将军仅仅用简单的一句话"我服从"来向他的国王承认命令（意大利人用比我们更加紧凑的舌头说同样一件事，概括为一个词——服从）。在时间的编年史中，这样的一个人物几乎是独一无二的。还有一把剑的所有者，在实际战斗结束之后，准备返回到他的小农场支持一个更加明智的律师，这位律师申明，"意大利国家现在被创造了！现在让我们也创造意大利民族"，这位公民赠送给他的国家一份智慧的遗产，而不是他的战友们赠送的3000枝或1000枝花（在那不勒斯的那个著名时刻，即当一位身穿红衬衣的单身男子成功熄灭整个堡垒中所有枪支的时候，那儿确实有1089枝花）。与他的战友们仅仅成为居民——必要的、重要性极小的居民相比，他对国家的爱让他有可能为了深爱的祖国最基本的需要而放弃自己的抱负。

今天是1935年的6月2日。53年前的今天，天堂之门打开迎接朱塞佩·加里波第，一个土著意大利人，但他也是整个文明世界值得尊敬的公民。

而此刻，我的朋友们，今晚都将到来。

07 6月6日

大自然对借口不感兴趣，大自然只是对事实感兴趣。它根据规则严格地打比赛，但它盼望你同样可以做到。如果你不知道规则，那就太糟糕了，因为随后你将会非常倒霉。我们已经有相当长一段时间都在猜想，不同的个体遵循着完全不同的一套规则，当它完全自主时，这些规则控制着它的行为。举个例子，所有的人都将立即同意我的观点，即很显然有两种完全不同的道德规范分别对公民和国家进行约束，这样的情况也代表了全国人民能够和谐相处。

几乎每个公民都尽他最大的能力来或多或少地坚持《十诫》的执行，他可能不是一直这样做，并且他经常会犯最不幸的错误。但是，大体上他已经意识到《十诫》像巴比伦的汉谟拉比国王提出的所有英明的箴言一样，被复制到《汉谟拉比法典》中，是树立一个人一生行动方式的极好的道德指南针。

但国家呢？为什么这样的国家甚至从来没有听说过《十诫》中的任何一条？国家、民族和群众，将不仅忽略和违反这些戒条，并且这样做还将被认为是一种美德，对那些破坏这些打着国家名号的被称作神圣教条的人们还将给予最高的荣誉。但现在，这些公民在私人生活中却不敢做出同样的破坏动作，因为他们的国家将会马上阻止他们并将他们拖上绞刑架，勒着脖子将他们吊起来惩罚他们。

随后，将这个集体重新解散到它最初的组成部分，将每个人送回到他的面包店或报刊亭或他的宫殿或他的简陋的小屋，观察他们，将会发现奇迹诞生。昨天那个灭绝人性的野蛮人曾经是一个再亲切不过的慈爱的父亲、兄弟、丈夫和邻居，他

会把车停在路中间而不是冒着风险碾过一只松鼠或老鼠。同样一个人，在几周之前还发誓说他将完全破坏他的邻居们，以至于邻居们的妻子一无所有只剩哭泣的眼睛，现在他将走三里地去付给零售商十分钱，因为前天他买菜的时候没有零钱。这确实是非常神奇的，我非常想知道为什么会是这样。

当然，这些想法从来不会从万里无云、什么都没有的天空中冒出来。有一天阅读报纸的时候，发现里面有一则新闻讲电影将会做一些有关十字军的事情，这一系列奇怪的想法就产生了。后来，我不幸的历史性的大脑就会一直发问"怎么样"和"为什么"，并且会立刻开始思考是哪支十字军，因为与美国参加第一次世界大战一样，十字军并不是历史长河中的一个短暂的插曲。

1099年（行军作战后两年）6月6日，第一批十字军在路上跋涉了整整三年之后最终出现在耶路撒冷的城墙上，直到1291年的秋天，最后一批在巴勒斯坦的基督教的捍卫者才向土耳其人投降，那就意味着（如果我的计算是对的）这是195年的时间。或者，谈谈我们自己的历史以便更容易地让我们知道十字军到底持续了多长时间。当乔治·华盛顿还是一个八岁小男孩儿的时候，第一支十字军已经开始向东行军，当富兰克林·德拉诺·罗斯福还在位

的时候，最后一支十字军队伍刚刚归来。

现在，我还没看这部特殊的电影，但我看了其他的历史电影，因此，我可以隐约猜到这部电影将会是什么样的，它讲述的是一个有关魅力、浪漫和较高理想主义的故事，讲述雷厉风行的英雄们在高大的黑马上的精神运动，他们充满了高尚的意念，对仅想追求世俗性物质的人们给予极大的蔑视。但是，十字军在现实中是怎么回事呢?

在过去的100年中，12世纪的十字军作为从欧洲向美国大迁移中的主要力量，在占领土地的过程中发挥了最基本的力量。十字军的成员90%为丧失继承权的欧洲人、饥饿贫困的农民和没落的贵族子弟，他们都在寻找填饱肚子的途径——就像我们自己的移民一样，19世纪急切冲到西部大陆的草原和山上，为的就是能够找到一个更好的途径来养活他们自己和他们的孩子。

中世纪落后的农耕方法不再能养活古老农场上大量的西欧人——美国人还不知道这一点，因此，他们必须找到其他出路。突然间，由于统治着整个西亚大陆的土耳其人的到来，这条出路被野蛮地切断了，切断了他们与世界其他地区的联系。饥饿难耐的欧洲人不得不把土耳其人赶出据点，因为这些据点控制着通往中国和印度的商路或者控制着最终的交易成果。

当然，世界上没有一件事像它听起来那样简单。持续整整两个世纪的几百万人的大规模移民运动和那些具有中世纪典型风格的宗教力量紧紧交织在一起。当他们在小亚细亚、巴勒斯坦和爱琴海那些诸多的小岛屿上建立他们微小的封建王国时，那个最英明的教会给了这几百万人一个机会，使他们出于本能地对免费土地的需求合理化，教会通过给他们一些精神鼓励让他们觉得他们确实是在干一些具有高尚品质的事情。

但是现在，700年之后，我们开始意识到，构成我们国家主要人口的所有像十字军一样大规模的迁移和19世纪的大移民仅仅是人类行为的某些明确法律的结果。这些法律中有一条说，人类需要喂养，而不用考虑任何事情，为了养活他自己和他的家人，他将会去世界上最为偏僻的角落找寻一个可以获得免费土地的机会。

当我谈到需要赋予一点秩序给混乱的历史和人类行为的时候，这是我脑海中出现的那种有趣的细节。我们可能从这块开始进行研究，并且追溯到布林的戈弗雷和诺曼底的罗伯特第一次满手的鲜花，以及弗兰德斯的罗伯特跪在橄榄山下的土壤中，望向他们的城市，这些就是他们普通的目标。

于是，他们攻陷了它，有组织地杀害了所有的居民，带走了居民家里所有的财产。像我们的先驱一样，他们最终得到了他们想要的，即免费的土地和一个更好的能让他们自己和他们的孩子吃上饭的机会。你很可能会同意我，当你从这个特殊角度去审视历史的时候，可能会失去历史本来具有的电影般的浪漫性，但把历史当成是对人类行为进行研究的时候，就觉得有100%的乐趣，因为历史好像比其他所有的学科加起来都要厉害，能够让我们更进一步认识自己。

　　用长远的眼光看待事情，我们将从一堆看似毫无关联的事情中发现一些完全相似的东西。在神秘的西欧史前小镇中，那些强壮的新来者似乎总要杀掉早于他们的较弱的开拓者，直到今天，已经几乎没有具有低头骨和类人猿特征的最早期开拓者的后代。在基督教早期，那些摧毁罗马帝国并使整个欧洲处于动荡状态长达几乎一千年的被称为大迁移的移民中间，会发现一些相似的地方。在十字军行军运动和饥饿大军的向西迁移中，也会发现一些相似的地方，即二者都使大西洋、太平洋和美国掀起了占用免费土地的热潮。

　　现在，有一些人，他们总是认为十字军仅仅是一项巨大的精神活动，只是作为基督教信徒的一分子去占领圣地，并且他们宗教的创始者就出生于这些圣地上，这看上去像是一次轻微的碰撞。十字军终究仅仅是一群饥饿的难民、没有继承权的农民和落魄的贵族吗？这是那些骄傲地开辟圣地的十字军吗？他们真的是没有什么可以超过我们有时在埃利斯岛见到的那些可怜市民吗？那些可怜的市民带着他们的约束和希望到一块似乎能提供给他们更好生存机会的土地上寻找未来。

　　他们就是那样的人，除了穷困的十字军，任凭热那亚和威尼斯船东的残忍处置，这些船东垄断了那个时代的运输业。在竞争激烈的今天，移民者为从汉堡或安特卫普到纽约舒服的一次旅行所付的钱仅仅是那时他们从欧洲到亚洲旅费的1/3。

当然，我要补充说，某些特定的精神动力在促使上百万人从西向东的运动中也扮演着一个非常重要的角色。因为我不能经常重复很多次说，不管在我们自己的生活中还是其他人的生活中，没有事情像看上去那样简单的。

你自己和我自己从未做过由唯一动机所引起的而且事实上已经做过的事情。但总会有很多电影最终让我们去做实际上已经做过的事，它们中有一些是高尚的、值得信赖的电影，而另外一些则十分自私、不是十分值得信赖，因为我们所有人都喜欢提出一个好的前奏（不仅是为了我们的邻居可以得到好处，我们大部分人是为了保留我们的骄傲），我们总是筛选出这样的电影，一旦这样的行为成为习惯，我们就会拒绝不太合意的那些，而对令人满意的那些大加褒奖。

在所谓的圣地条件下，由于巴勒斯坦人的存在，环境更加复杂，而到今天，圣地上不仅有基督教徒，还有犹太教徒和伊斯兰教徒。因为阿拉伯人坚称他们是以实玛利的直系后裔，是夏甲和亚伯拉罕的儿子，他们（指夏甲和以实玛利）死后都被埋在麦加的克尔白，克尔白是所有优秀伊斯兰教徒所居住的圣城。

结果是，阿拉伯人也把他们称之为"避难所"的耶路撒冷作为他们自己的圣地，一个非常重要的地方，当穆罕默德爬向天堂的时候，选择了从奥马尔清真寺的基石离开世界。

但是，所有的那些理想的价值（尽管像所有的理想价值一样，它们要对流血事件和其他更实际的事件付出一样多的责任）并不是促使这几百万人有想法并开始他们全盘移民运动的主要力量。

出于本能要寻找食物，这几百万人离开了他们的家乡，前一秒才证明穆斯林不仅仅是基督教徒的搭档，随后就发生了一些事情。

研究一下所谓的日耳曼秩序的发展，它一直持续到1809年。在1190年，一群虔诚的德国骑士将他们自己奉献给去照顾十字军中的病人，到1198年，他们已经被提升到特定骑士的名单中，他们就是第三支十字军，那支你看完《艾芬豪》将会开始记住的部队。《艾芬豪》是理查德的一部大胆的电影。但30年之后，当所有的人意识到耶路撒冷的基督教帝国永远没指望打败土耳其而保全自己的时候，称为日耳曼人兄弟的具有实事求是头脑的骑士们开始寻找其他的一些领土，这些领土的经营权他们可以转让出去。因为土耳其的异教徒有一个让人特别不爽的习惯，就是当你第一次打他的时候，他会反过来打你，并且打得非常狠。那么，为什么不寻找离家近点的和被不强大、不危险的敌人居住的免费土地呢？

维斯瓦河的东侧，有广袤的一直延伸到东部（没有人知道有多远）的平原，有人甚至说它一直到达了中国！平原上居住着流浪的斯拉夫部落，他们从来没有能力进行自我组织，就像田野中的麻雀一样手无寸铁。1228年，日耳曼骑士开始了他们的第一次对斯拉夫和俄罗斯的战争，战争不间断地持续了半个世纪，并奖励给日耳曼骑士位于德国西部边境上的大量房产。

1291年，日耳曼骑士从圣地全面退出，1308年，他们在马林堡定居，我们都知道中间经过了20年，期间发生了很多的事情。1457年，他们搬到科尼斯伯格，一座普鲁士的古老首都。

用一个宽阔的视野去看待所有这些发展过程，可以毫不夸大地说，普鲁士的壮大，霍亨索伦家族和普鲁士统治权力的上升，都要归功于寻找免费土地的这些日耳曼人的活动。

最终在1772年，弗雷德里克，这块曾经被波兰成功霸占的领土，一度把300年前还在日耳曼人手里的所有财富都收了过来。但那时，一个强大的俄罗斯帝国建立了。因为斯拉夫人有可能进行回击，普鲁士人向西的运动也就到了结束的时候。由于他们持续、快速增长的人口而需要找到足够的食物来养活，德国人开始试着离开西部而另寻出路，因为中世纪的人已经试图寻找过离开东部的道路，因此，德国人和法国人、英国人和我们自己起了冲突，三个民族拥有西部土地的绝大多数，并且没有打算将他们的领土让给新来者。

从十字军东征到第一次世界大战，这段时间始终充满了哭泣。但是用一种长远的眼光看待历史，你将会发现这两次巨大历史事件之间的联系是多么的紧密，以及它们两个为何仅仅成为人类寻找更多土地活动的一部分。

毫无疑问，有一条发展过程中少不了的主要道路穿越了所有的政治弯道继续向前延伸。如果你记得承载着人类所有活动的对免费土地的寻找活动，就不难顺着这条路走下去。对法国人来说，他们是害怕的。法国人觉得在一个政治辩论的社会中，人不可能在它的道路上走下去。相比以前，德国人更多了，他们坚持被别人养活，他们的领导也知道他们想要什么。相比以前，法国人少了，他们被只会演讲的政治家统治着。古老的故事在自我重复着，饥饿的人们又一次准备游行，可喜的是，他们有了会行动的领导者。最后，更多的细节正如他们在广播里面所说的，自己看报纸吧！

09 6月13日

　　试图从混乱中找出规律是科学应该做的事情，也是我在历史领域里一直在做的事情。现在又有一些我在最近十年或多或少盘弄过的一些想法，我的听众之一（比我聪明）可能有能力深入其中具体的一些想法，有人可能将这些想法称之为发明出来的法律，或者这些想法可以从本质上解释我们的发明到底是什么。

　　但那不会这么容易，因为熟悉会滋生抱怨，对我们中间那些现在正处于人生黄金期的人来说，自从一出生就开始在发明的领域里摸爬滚打，到现在，对我们中间的任何人来说都很难想象我们生活在一个没有任何事物被发明出来的时代，但我们要记住我们前面成千上万代人的命运就是那样的。如果你想要安静地消遣，就试着做一些具有哲学性的事情。下次当所有人都似乎已经离开城市去寻找一点新鲜空气或去斯坦福和米妮阿姨用晚餐的时候，自己沿着波斯特路骑自行车。任何一个方向，都有数辆无穷无尽的汽车在不间断地行驶，这些行驶的汽车都要归功于一样东西，如果不具备这样东西，它们将无法前进，我指的这样东西是车轮。

　　车轮是每辆汽车必不可少的部分，如果你刚好下山，可以不用汽油，我们很多朋友都试着不用水和汽油开过车，尽管他们并不会完全成功，但这件事情表面上是可以完成的，至少在很短的一段时间内是可以完成的。事后有人也的确花了钱去修车，但我却从来没有听说他们中的任何人可以不用车轮将车开出一英寸的距离。因此，在高速路和小道上那些无尽的车队本质上是一些无尽的车轮的队伍，车轮承载着家庭、承载着牛马和大钢琴、承载着鱼类食品、鱼子酱、土豆

以及满足一个人日常生活和娱乐的所有商品。直到晚上——在高速路上愉快地度过一天之后——除了车轮你不再幻想任何事物，除了车轮你也看不到任何事物，大车轮、小车轮、红车轮、绿车轮、看起来像光碟一样的车轮、像磨石一样的车轮，除了车轮还是车轮，好像整个文明社会都在依赖着车轮，不过，事实的确如此。

直到最近才发现车轮似乎成了当今新世界的文明社会中不可缺少的一部分。根据我们人类学家的保守估计，印度人已经有3万年的历史，但在这3万年中，他们却没有过使用车轮搬运东西的想法，因此他们的文明是靠不住的，因为他们无法将过剩的东西收集起来以预防下雨天，因为他们搬不动这些东西。美国文明在无车轮时代发展了300个世纪，有车轮后发展了4个世纪，但短促的时间内，车轮创造了多么巨大的不同！

顺着这个思路，我遇到另外一个让我困惑的问题。车轮到底是什么？据我能找到的所有资料显示，车轮仅仅是人类腿和腰的一个替代品，如果我猜得对的话，铁路也不过仅仅是囊括了人类的腿和汽车两种事物的一种多面性物体，它们带着我们去那些如果我们有时间和耐心去完成的话，我们仅仅依

靠双腿也可以到达的地方。再一次，打开了各种各样的有趣的推测。

比如，锤子、小刀或剪刀是什么？它们仅仅比人的手强壮数倍。只要你足够强壮或者特别着急，你也能撕破一块麻布或者一张动物的毛皮，但是，一把25美分的袖珍小刀会比一双最强壮的手做这些事情做得好无数倍。你可以用手按在那儿让门关上，但是，一把50美分的锁能更有效地完成同样的关门动作，而且锁仅是手的另外一种形式而已，只不过被钢铁提升了其价值。

什么是电话？仅仅是人的声音，但要乘以一百万倍。能把一个钢壳投掷20千米的大炮同样是一只被强化了的手，因为手也可以投掷，但不可能如此远。

显微镜成为被放大的肉眼，因为它和人的眼睛一样，用来看物体，但它用一个更大的比例看物体。

所有的发明最后都不是什么大不了的事，它们只不过是被扩大很多倍的人的手、脚、眼和耳及人的其他器官。人类把他们自己的能力扩大一百万倍后，将自己从与生俱来的无法忍受的束缚中解脱了出来。

假设有一天我们在实验室里呼吁要求改变；假设我们在政治和经济领域做一点小小的改变；假设我们现在开始对政治和经济产生了兴趣，就像在过去的150年里，我们对机械的兴趣一样浓厚；假设我们推举科学家去当政治家。回过来想想，这是一条很棒的出路！是我能想到的最棒的出路。

斯图亚特王室的追随者（在18世纪初）过去常常喝一种叫黑色天鹅绒混合小绅士的健康饮品。这听起来很天真。但这种饮品是挖洞绊倒威廉三世马匹的小鼹鼠摩尔。这匹马跌倒导致奥伦治的威廉弄断了他的锁骨。三天后，他因锁骨断裂而死亡。他是玛丽的丈夫，玛丽是英国詹姆斯二世的女儿，他连同他的妻子把他岳父从英国王位上赶下台，结束了斯图亚特王室。因此，那些一直忠于詹姆斯的贵族，过去常喝一种未知的健康饮品摩尔，这种未知的摩尔杀死了他们最糟糕的敌人！

或者，说说离我们近一点的，举一个叫约翰·派克的例子。关于这个人，我们只知道他的名字，还有，他是联盟军队的一个大兵，内战结束后立即到了华盛顿。一天晚上，他被派到福特剧院，那里正在上演《我们的美国亲戚》，演戏的是一个英国演员剧团，他负责在前门站岗，这个门通向林肯总统的包厢，他要在这里守卫，因为总统要出席演出。他只要站在那儿，防止有人进来就可以。他在那里站了一会儿，然后感到厌倦，他对自己说："哎呀，有什么用！"他给自己在画廊找了个舒适的座位坐下来，接着开始欣赏表演。布斯悄悄潜入到总统包间，发现门口无人看守，于是，他走了进来，杀害了林肯。

假设约翰·帕克做了他该做的工作，林肯就会一直不遗余力地做我们的总统。我们就不会有多年痛苦的重建，过去70年的整个历史也会是不同的。

假设当英国人和法国人围绕圣女贞德的身体战斗时，在贡比涅城墙外的前哨战中，她身后的人坠马了。假设，仅仅当法国在这次决战中似乎取得最佳战机的时候，把她身体固定在马鞍上的皮带没有断；再假设她没有被英国射手抓获，没有被送往鲁昂、被她的敌人在火刑柱上烧死，法国的历史很可能已经取得了非常不同的转变。等等，等等，永无休止。

我知道，现在有些人把人这一因素从影响历史的因素中拿掉，只看到大原因和大的影响。他们不同意我的看法，但我认为人这一易变因素像以前一样重要。这在你自己的生活中会有所体会。你被蜜蜂蛰得大叫，并开始挠伤处，第二天早上这微不足道的小刺发炎了，你在伤处涂点碘，因为你觉得仅仅被蜜蜂蛰到就跑到医生那里毕竟有点愚蠢，再下一步就是你在医院醒来，你的医生刚刚救了你，使你免于一般感染。

这种情况没完没了地在你的生活、我的生活和国际生活中继续上演。刚才，我提到了四岔道口，两个前沿守卫之间的遭遇战是微不足道的，然而，它改变了整个欧洲和美国之后120年的历史。让我试着告诉你我的意思。

您必须在你身边找一盒火柴或一张纸和一支铅笔，但如果你手边有一盒火柴，我现在就为你重现大事。你的口袋里可能有点零钱。挑起战争很容易，但付出的代价很高。

拿一个硬币，并把它放在离你尽可能近的地方。那枚硬币是巴黎，拿破仑就在那儿。他刚从流放地厄尔巴岛回来，他知道他是非法的，他必须像赌徒一样等待机会。一场战斗决定一切。因此，他要从巴黎进军，就是最接近你的硬币那儿，它在布鲁塞尔的某个方向。现在，在离你约两英尺远的地方放下另一枚硬币，那个就是布鲁塞尔。现在，在布鲁塞尔这枚硬币下方一英寸左右在半圆里放三根火柴，这三根火柴代表盟军，盟军在等着拿破仑，但丝毫不会知道在这里，这个身经百战的非凡男子正等着袭击他们。

现在拿另外两根火柴，从最近的硬币那儿慢慢向上移动它们，大致到你腹部的方向，桌子另一端的硬币的位置，布鲁塞尔。这两根火柴代表拿破仑，因为拿破仑曾把他的部队分为两翼，以便军队既能从左翼攻击，又能从右翼攻击，他要对战局考虑周全。

突然，布鲁塞尔正下方的三支联军队伍开始采取行动，因为他们收到消息，拿破仑的军队在前进。他们也开始行动了。你右侧的联军从布鲁塞尔向下行军进攻法国。它是布吕歇尔指挥下的普鲁士军队。法国军队就在你鼻子底下遇见了联军，双方打了起来。拿破仑军把普鲁士军打散成两支，把他们向右侧逼退，收复了许多失地。

与此同时，另一支盟军的一半队伍（被打散为两路盟军的向左的一支队伍）向下移动，在左翼遇见了拿破仑军队，在布鲁塞尔下方相遇。拿破仑的左翼部队向前迈进。击退一半联军应该和击败整个普鲁士军一样，右翼的联军被打散成若干支小队伍。

这仗一打完，两支拿破仑的队伍就应该一起追击剩下的残兵，把他们一举歼灭。但由于拿破仑的左翼指挥官不适合他的工作，追击就没有进行。奈伊是一个战无不胜的人物。他的骑兵可以扫平敌军。然而，他过于心急地开战反而没有任何好处。但拿破仑过去常常像厉害的足球教练玩足球游戏一样地打仗。他对他的将士就像教练对球员一样，一句话决定队员的去留。现在，他不再有那些重要的人了。有的牺牲了，有的被罢黜了。所以，他起用了奈伊，拿破仑用这个人在战斗的最后五分钟攻击目标敌人，还告诉他放开了打。奈伊失败了，他不了解战局。

奥伦治亲王，他的敌手就在四臂村，他不是伟大的军事天才。因为开始这样一场战争的主意很一般。他的谨慎态度证明他的拯救在战争最后的关键时刻根本没用。他率领他的七千人如此小心，穿过那么多的空间以至于奈伊在他脑子里的印象就是，面对面与整个联军英勇作战。而在布吕歇尔，右翼的部队，被法国人粗暴地赶出战场，在另一半军队到达左翼之前，法军左翼部队突然没了消息，这实际上是接头的问题，不过这对他们似乎是一个关系重大的接头，必须非常小心。所以，法军在四臂没有进展，而他们可以轻松赢得胜利。这一切都由于奈伊的错误指令，他没有调查自己的防火线，相信他的下属，这是整个联军而不仅仅是一个前进的警卫一线的错误。

当拿破仑终于抵达现场后，按原路撤回，这一半的军队没踪影了，但拿破仑在这关键时刻失去了几乎一天半的时间。6月18日在滑铁卢，他带领队伍北上，在与联军对决时全军覆没。四臂战机的延误失去了布吕歇尔（你右侧的火柴棍代表的军队被攻破了，桌上郊区的位置）整合被严重撕裂的队伍、回来救援威灵顿的机会，并把拿破仑的明显胜利变成法国人的彻底被击溃。

即便如此，拿破仑本来还可能赢得战斗，除了那个小的个人细节。拿破仑患有在老百姓中很普遍的痛苦疾病，这些人一生都活在马背上，他们在骑马的时候受伤。结果，他开始了长达七个小时伟大的滑铁卢遭遇，此时，他正坐在附近农屋椅子上休闲，拒绝上马也不批示。战斗11:30开始。之所以在拂晓开战，因为他昔日常常这么做，他本应该在11:30攻破威灵顿的部队，他在农屋里待了一晚，早上也在那，这个时候他坐不住了，决定离开。

1点钟，他看到他的右侧有一团烟雾。这是普鲁士军队，就是你右侧围成半圆的火柴棍，完成了世界上的毁灭性工作，因为赢得了四臂小小前卫战的一天半时间，就是120年前的今天。

我把所有这些恭敬地提交给那些把人的因素抛出历史之外的研究者。观察细节，我的朋友，因为世界各国历史就是可以数得过来的我们私人生活的细节。我们通常可以处理大型活动，但讨厌的细节对我们的大计划起决定作用。

而这听起来似乎足以做个良好的道德课。我祝大家晚上愉快，因为月光闪亮，就像当年杀戮一样平和。月光闪亮，而我们却没有任何纷争打扰清梦。晚安！

11 6月20日

我的祖母出生于一个物资完全匮乏的时代。在拿破仑把所有东西都充公之后，整个欧洲西部的每个小镇上的每个家庭和小村庄都不得不为两代人省吃俭用，平均每人可以一次吃到带着一点黄油的面包和每周可以吃到一两回肉。我的祖母憎恨浪费就像吉米沃克厌恶凌晨、科顿·马瑟憎恨犯罪。因此，所有东西都被保存起来没有被扔掉，我们有每星期一次的"剩饭日"。我稍微老一点的朋友都会回想起那些在旧社会的日子，他们会永远记住那些日子！一个崭新的烹饪学校在那些著名的剩饭周围发展起来了。这些详细的食谱会震惊现代美国厨师的心灵，因为平均来说他们在24小时之内扔掉的食物总够供养整个法国或是意大利的家庭一个星期。甚至在今天，我还能平静地为自己准备组合（我妻子称它们为混食，我想这是对奶奶纪念的一种冒渎，但我的妻子会把茄子当作餐后甜点，所以我们更甚），我也可以准备剩饭菜，这必须追溯到拿破仑时代，那时土豆就是土豆，爸爸是家里唯一一个曾经带着白酒的人。

今晚，如果你们允许，我愿意把每周餐换成一种虚构的剩饭，因为这是每一个幸福的家庭都应该去考虑的事情。我不是独自做这个工作。我们是在进行一次实验。我亲爱的导师，NBC对我说："继续下去，看看你能为历史做点什么。如果你能让人们对历史的新观点感兴趣，那么，某天我们可以把这个简短的讨论变成固定的历史课程。"因此，它听起来就像如果我向米提亚人和波斯人制定法律，我仍然会用一颗充满善意的心表达出来，即使它充满着97%的怀疑和疑虑。

然而，罗马和纽约不是一日建成的，所以，请给我一点耐心。我想我们正在取得成果，但之前没有人涉及这个领域，我们最终可以说："就是这，我们必须坚持这条道路。"

之前我们必须做一些艰难跋涉和尝试。

现在，很多人在记录这次广播，但他们必须等待，直到我们明确地知道这个工作应该如何完成。同时如果他们会多管点事，偶尔告诉我们"往左或是往右一点，或者加点油，或减速，或是在路的另一端为我们祈祷"，那么，这就是最大的支持。然后，这还会有其他的事情。在这里，我也许会让很多听众失望。因为他们写信给我说："你告诉我们的都很好，非常有趣，谢谢。但是现在，我们更喜欢一些简短的小书可以把你所说的所有历史用100页介绍给我们。"

朋友们，很抱歉不能这样做。自然不允许删减，我很尊敬自然法则，我会故意地违背它们，当我不得不谄媚地告诉你们说："当然，我会做一个很好的删减给你们。"

当然，我们的社会形式不完全是民主主义的，但是，相当一部分理想主义者都把他的成功系于谄媚或更多的谄媚上，曾经也系于像路易十六或威廉二世这样的国王的头颅上。我们聪明的销售者会使用他们谄媚的能力去获得学位，他们用他们迷人的捷径填满了世界，他们可爱的捷径，捷径意味着聚会的成功并有助于健康，他们告诉他们的潜在客户6个星期总够去教会他们法语和德语，汉语和复式记账及纸老虎还有钢琴演奏和诈骗，捷径没有尽头，一种不可思议的魔力。

很抱歉，在历史领域没有捷径。对于历史的学习远超过支付本身。就像我之前说过的，一次错误的经验可以让你在今后的生活中避免犯同样的错误。但以过去的学员来看，历史学起来很慢，很痛苦。学起来容易的东西，就像很容易赚来的钱，离我们的生活越来越远了。生命本身就像是一个玩笑或游戏，像乒乓球或扑克牌游戏，时间已经献给了历史博物馆，以及男孩儿向女孩儿求婚的时候的20个步骤的聚餐。

我将是世界上最后一个想要看到时间倒退的人。今天，我们必须为我们想要得到的东西而工作，这些也适用于历史领域。每个科目都有些非常好的书（不是我写的）。你可以从任何一个图书管理员那里得到它，但你必须阅读。这里没有捷径。商场上没有历史简化剂，如果你想吃光这些美味佳肴，那么，在可以食用之前就必须自己耕作、培养、看护、收割和烹饪。这是份辛苦的工作，但它需要付出100%的智力投资。在芳香四溢的今天，华尔街给你提供更好的费用了吗？

12 6月23日

　　我在全美广播大厦众多的一个小房间对你说话。我们不用一个大厅……在我们历史的时间我们没有爱好者的夜晚，我们也没有崇拜的亲戚朋友去帮助他们的候选人，所以整个现场是非常和平的。我们坐在一个气氛愉快的小房间。有开放式的壁炉，这在一个热天是很激动人心的，还有两张桌子、一架大的钢琴、几张优雅的椅子、一大罐水，还有一套麦克风和钟，那个钟比世界上任何钟都快，还有记录着分秒的四面墙壁，它就像一个四面滴水的洞穴。

　　现在，一分半钟之前，我们就已经开始了……在这个节目中我是独自一人……因此只需要五个人把我吊在空中。我在4∶45重285磅，有一点偏重。穿过整个大陆来说这是一个不小的负担。

　　好了，我们五个坐在那里等待着，就像我们往常做的一样……那个工程师对我的讲话进行精练，并去掉其中的新阿姆斯特丹口音。他坐在他小小的玻璃箱子上……亲切地看着我，就像我是一条很大的鱼一样（我也很亲切地看着他，就像他是一种小一点的鱼）。在角落里，我的播音员戴着耳机，听着无形的声音和音乐。如果我太激动了而浪费几秒钟，他永远都会出现，而且后面的几个小时就会充满了宗教活动。

　　那个音乐家在读报纸，生产经理在观察这两个房间……钟

在嘀嗒着……播音员正在告诉我们……"只差一分钟了！"……再过一分钟，我就是个随心所欲说话做事的自由人……这时，我经常有种奇怪的感觉……甚至在很多年后与麦克都很熟悉……那种看不见听众的意识……那种百万群众也许都能听到的可能……那种也许喜欢我所说的或者不喜欢我所说的……而且除了通过我的声音我没有其他办法让大家明白我的意思……我的手帮不上忙……我的手势没有用而且更容易碰到麦克风而带来麻烦……除了单纯的声音没有任何东西……

"先生们，就剩55秒钟了！"……在最紧要的关头我打了个喷嚏……不是鲍勃·怀尔德哈克很亲切的小喷嚏，而是可以震动耶利哥的墙的大喷嚏……但是没有关系……我们与外界隔绝了……完全隔绝……但我仍然与控制室联系……工程师听到了这个喷嚏……可怜的家伙，他不得不听到……这几乎把他头上的房顶都掀翻了……然后祖宗遗传的反应使得他像一个热情的瑞典人一样回应道："Skol!"

然后不知怎么的，我的瑞典本性也回来了（当你拜访那无比热情的国家的时候，你应该学的第一个词就是"是"或者是"谢谢你"，因为每十分钟你就会用到它），所以这就是……一个喷嚏……"Skol！"……"是！"……就在那时播音员转过头来说："这很有趣！""Tak"在我们的语言里是"是"的意思然后我记起了我在波兰的那一年，我用波兰语回答，播音员用很容易理解的克罗地亚语回答："当你们可以说同一种真实的、诚实的、良好的俄语的时候，你们这些人一定要说你们古老的方言吗？"

生产经理进到房间里说："剩十秒钟了，先生们！"……除了立刻计时以外，房间完全静止了，然后我脑海中突然闪现出……在这仅剩的55秒钟里我们组成了一个小的美国交响乐，这可以比上百的有学识的教授写的上百本丰富的书卷都能对外面的人更好地阐释我们这个国家。语言突然变来变去……瑞士语、波兰语、俄语，还有克罗地亚语……所有的这些都是由一个荷兰式的喷嚏引起的……但所有这些在行动来了的时候都进化成美国的语言……所有美国人那一部分奇怪的社会背景立刻融入到今天美国大的共同意识中……我不知道应该怎样具体去表达它，但有一些不寻常的东西在里面……是关于那些只通过报纸上的故事了解美国的欧洲人的一些事情（就像我们关于他们国家的故事一样荒谬），应该允许被证明。

我们的父母说五种不同的口音，但现在我们说同一种语言，有同一种工作……现在，我们有共同的目标……而且所有的事情都是下意识完成的。实际上，对于世界上不同党派那些被误导的政治家来说这是多么伟大的一堂课啊，他们认为国家、国际和语言有一些关系，或者一个人头的形状，或者一个人鼻子的形状，或者对烘豆或干酪的喜好都有一些关系。我敢肯定如果你问我们五个……而且我们五个看起来同我们的种族一样不同……为什么我们是美国人？我们所有人都会这么回答："因为我们喜欢做美国人……因为我们比成为任何人都愿意成为美国人。"

难道这不是所有真正的爱国主义唯一合理的理由吗？我们只是美国人，因为我们比成为任何人更愿意成为美国人。不要问我们细节，也不要跟我们讨论宪法，或是一个光荣的历史，或是公立学校，或是新闻自由，或是那些无止境的讨论，那些我已经听到被一些天真的专业的鼓吹者用到，关于一个纯粹的没有掺杂任何其他东西的美国主义的形式，那只不过仅仅是18世纪文化的残余，既不好笑又毫无意义。

这不是一个没有光荣过去的国家。我们的宪法不是电闪雷鸣的西奈山赏给我们的。它是大多数有智慧、有远见、有幽默感的人写给我们的，但也包括那些所有建立合众国的人以及那些从来没有如此严肃地做一件事的人。

在这开明的时代，免费学校到处都有。也许可以像我们自己的一样不用花费这么多，但产生一个结果，总的来说，相对于我们的娇生惯养，沿着理智的路线有一点困难。

对于新闻自由和其他标准的美德，如此小心地解释给耐心的移民……说得越少越好，我肯定那些争论对我在这个房间的朋友们产生的影响极小，就像平时他们的争论对我产生的影响一样……为什么不是另一个样子？当你爱上一个姑娘的时候，你并不是爱上她某一点，感情不是职业拳击赛或是狗狗的选秀赛。有些时候会发生在我身上，但是如果是那样的话，感情本身就会一直持续直到死。你爱一个人或者不爱。这个时候你不得不开始辩论它……"她真的对她妈妈很好！"或者"她可以做这么棒的煎饼！"或者"她跳舞跳得这么好！"……最好不要再继续了……那一部分已经结束了……一个人对一个国家的忠诚……一个人对一个特定国家本能的忠诚……和蓝图还有统计数字或是单单的理由是没有任何关系的……这就是一种你感觉到或者没感觉到的东西，任何其他的都是在浪费时间。

语言对这来说一点关系都没有。瑞士人和其他国家的人一样热爱自己的国家，他们说四种不同的语言，而且彼此之间用四种不同的口音激烈地争吵，一旦国家出现问题，他们马上又团结在一起就像一个人一样。那么，大不列颠帝国怎么样？了解它的人们都知道，它不仅仅是由战船、皇家总督、州长、军队、警察、书面宪法或是单纯的通用语言组成。大不列颠帝国还包含着三到四个住在世界一些地方廉价的木头小屋的年轻人，用锡杯喝着廉价的威士忌（如果他们可以得到的话，通常是非常困难的），探索着石阶上奇怪的角落。有个古老的收音机，放在那里可以叫他们起床，当他们的国王通过广播和他的人民讲话的时候会安静地站在那里并擦着眼泪，顺便说一下，他的陛下所做的事和任何他没有做过的事情一样。

跟他们讲关于王家政策……讲关于英格兰的使命以及白人的负担……这些年轻人会用打哈欠来回报你的努力，但考验质疑他们对国家主义的忠诚……那么，你就会迷失在沙漠里……孤身一人……距离下一个城市直线距离数百里远。

然后来到蒂罗尔，观察蒂罗尔人的孩子用意大利语做他们的功课，如果他们用了他们祖先的语言就会挨巴掌，看看是多么了不起的成功啊！这些可怜的孩子只是处于意大利语和族鲁语之间，我们顺便提到关于德班语和彼得马里茨堡语。所以，还处在由那个喷嚏引起的巨大音响之下……这里给那些通过强迫他们把自己的爱国主义放在他们不愿意的一些问题上而使这个世界很不愉快的人们提出一点建议。

国家的组成就像珊瑚礁。它们要么成长，要么不成长。但是，你不能使珊瑚礁违背它们的意志生长，或者一旦它们下定决心要生长你也无法阻止他们。这对国家来说同样适用。在美国的空气中、土地里，还有水中都有一些特殊的东西才使得我们成为美国人。那是一些非常真实、非常纯正的东西。如此的真实、如此的纯正是人类无法控制的。而且这也是组成我们的梦想、我们的希望、我们的抱负和我们的理想的同样的东西。但不要问我们它们从哪里来，因为我们不知道。我们接受而且我们感激地向上帝祈祷希望整个世界能够学到这一课。

136月27日

　　科学家自身通常非常小心谨慎。他是这个时代疑心重重的人。即使一个小小的实验，已经过1000次连续不断的成功验证，但他还是会问自己："第1001次的实例中，还会奏效吗？"接着，他溜回实验室寻找答案。他认识到，我们对大自然的战争是我们发动的最不公平的战争。像所有伟大的将军一样，即使是显而易见的胜利，他也表现谦逊。你绝不会明白，有些事情在最后五分钟还错误百出呢。所以，我们得继续小心谨慎，非常地小心谨慎。

　　但公众一般不会为这些顾虑而忧心忡忡的。天哪！对他们来说，这一切都只不过如他们相当熟悉的化学实验一般简单，如在咖啡里加块糖，在威士忌酒中调点起泡的水。一方面，每一份有关科学家的报道，都声称也许他的所有观察结果都是非常正确的，但他又警告我们不要过早地乐观。因为他也只是在过去40年里对这一问题进行研究。而另一方面，除非他完全错了，那么，有关科学家极其小心的本性的类似评论，所有我所说的这些内容也将立即头版头条地进行报道。最终，我们能治愈很多疾病。不久，我们也将如国王般快乐，如悠闲的土豚般健康。

　　于是，另一类曾对人类有着特殊研究的科学家们，寻找着让金钱远离他自己的方法，一眼看出这一最新的发现，并熟练地重新组合，以吸引公众的眼球。不久以后，令那些实验室人

员深切厌恶的是，他小小的疑心已经明确地成为既定的事实。最终的结果仍是更加迷糊，更加混乱，如一个外行人的想法一般。但这就是众所周知的进步。

举个例子来说，如查尔斯·达尔文（Charles Darwin）。他曾在一艘很小的英国船只上忍受着晕船的痛苦，度过了3年时光。这船只被一位宗教狂热者所控制（无期限的晕船痛苦、无期限的不得安宁、沉迷于自身灵魂的拯救！）。之后，经过长时间的犹豫和思考，达尔文创作了《物种起源》一书，说明自然选择或生存斗争的道理。

达尔文是个非常小心谨慎的人。因为在他首次发表他的理论时，他只出版了1250本。相比起我们今天最棒的销售商来说，如此小数目的版本也不值得大呼小叫。但这并不是达尔文的最初目的。1837年，他首先修改了有关自然选择可能性的部分内容，将人类的进化作为创作的主旨。但直到1859年，或者说22年过后，他最终发表了一些肯定的观察报告，这才是更接近他心声的主题论点。

但对普通人来说，《物种起源》和"自然选择"的语言表述太复杂了，人们将整个主题归类为"进化论"的内容。按某些奇怪的想法来看，进化逐渐意味着一种无意识的演进活动。你只是刚开始某个阶段的演进而已，就像宇宙、人类社会或艺术那样。进化将开始无意识地运行，如地心引力的规则一样，总有苹果成熟落地，人们从树上掉下，绝没有别的方式……随后，演变将继续进行，直到我们自身最终进化为未来某个完美的状态。

当然，小心谨慎的老达尔文已经时时警告我们，没有永恒的警戒，也没有永远的顾虑，种族、物种、人类和动物都有退化的倾向，如同进化一样。实际上，某一物种进化的背后至少有1000个物种的退化和灭绝！但那也无关紧要。如今，在绝大多数人看来，进化就代表某种进步和发展。

现在，有一点是非常危险的。当人们面对大自然，这个人类熟知的大自然时，总是太想当然。所有困扰我们的罪恶中，盲目乐观主义也许会让我们遭受最大的悲痛。如今，尤其值得一提的是，当成千上万个聪明伶俐的孩子们隆重而庄严地从中学或大学毕业时，人们都料想着他们已经做好准备，心甘情愿又满怀热情地接承我们前进的火把，并发扬光大，为获取更加崇高、更加伟大的胜利而奋斗。

在任何宴会上扮演幽灵的角色是件并不愉快的事情。至少在伟大的毕业典礼盛宴上就是如此，那时不同院校的校长们满怀着荣誉感，尽心尽责地彼此寒暄。当为毕业生举行的宗教仪式开始时，专家们运用柏拉图和苏格拉底的理论思想，来支撑他们的某些新奇想法，以娱乐少男少女们。同时，这些少男少女们则琢磨着从哪里能赚到1.5美元，来支付身上那套租来的毕业礼服。

但我们中间的许多人已对大学的机构设置心生疑惑。我们总以拥有全世界最多的大学和各类学校而自豪。如果我没有弄错的话，据我所知，仅就著名的芝加哥大学而言，学校的英语教授都比英国所有的大学加起来还要多。因此，我们会期待每个平民都能简洁、生动或至少能清晰地进行言辞表达。但谈到任何一位教授或雇主时，你要听到的又是多么不同的故事呀！这个道理也同样适用于任何其他学问。学校还是那样，人们辛苦地日夜工作着，而代价是可怕的。这就是最终的结果。只是，有种不同的感受而已！

的确，哪里有两三位老师聚在一起的地方，他们就必定会谈及那个话题，因为在每位老师看来，这是个至高无上的话题。我们投资于教育的资金还不能让人满意。相反，生意场上要导致最终的破产还有待时日。问题就出现了——为什么会那样呢？

恐怕这主要还得归因于人人皆知的乐观主义精神了。这种精神使我们拒绝正视世界原本的状况，而沉浸于我们意念中假想的一个世界。

14 6月30日

　　人们热衷于谈论一些事情或者对于一个事实或者日期正准备查询的时候，他们看到我就会说："现在不要再关心什么女王了，这是亨德里克，问问他，他应该知道许多事情并且会帮我们去解决这些麻烦的。"那样又会有些问题，拉美西斯什么时候活着或者华盛顿山有多高，明朝什么时候做了那么多种相同的漂亮的罐子。

　　现在我没有十足的把握去核对这些答案。我对这些事情也没有非常明确的观念。我浪费了55年的时间去阅读和写作这些所谓的历史，知道的却仅仅是些皮毛，了解几百年或者几千年的人们居住的情况和山峰高度的差异，但就是这么多。为什么我要自找麻烦在不到一分钟内去回忆这些事情？当我告诉我朋友这些的时候，他们非常恼怒并且对这些不知道他们自己书上写什么的人不屑一顾。

　　我只能说纽约、纽黑文和哈特福德的市长都很难知道所有的跑在河滨市和纽约之间的火车，甚至他的名字会出现在火车的时刻表上。但他们说有些事情是不同的，我应该回忆起所有的事情。

　　如果我真是那样，我早就死了，我大脑早就爆炸了。但是没有，因为我很小的时候就学会忘记事情了。

　　我已去世的岳父是一个很伟大的物理学家，充满了智慧。

物理学家可是一个好公民。他不仅知道很多，理解得也很多。我记得有一次，谈到我们的教育体制的时候，一个老博士跟我说："我们的课堂教学出错了。我们有许多的教授、副教授、助教和导师们每天忙着让他们的学生记住事情。它会导致一个学生接受的知识远远超出他们能力所能承受的范围，我们应该给他们一个合理的方法去忘掉那些没用的东西，给我们可怜的孩子们留有自己的空间，那样那些凌乱的东西就不会再充斥着他们的大脑。"

那是30多年前的事情了。但现在我们仍然不能够那样去做，哪怕一点点。我们的老师仍然用填鸭式的方法在灌输我们的学生，没有人能够发明一种让学生自己学习的方法，所以，我最好还是不去接触这些学科。这些问题现在感觉有些棘手。并且，我说的这些仅仅是我想说的开端，我很抱歉我已经忘了是谁让我想起了提到的这些事情，洛厄尔还是埃默森，我真的有点乱猜了。我们当然可以把它弄清楚。今天天气虽然不错，但图书馆还是远了点。谁最开始提起这个事情真的没有关系，事情说了就够了。

我提到19世纪40年代写在《大西洋月报》上的关于作者对外国人看不起美国人的评论，那是在迪克尼斯和屈罗洛浦过去来拜访我的时候，接受我们的邀请演讲，然而，当他们再来的时候却失约了，他们的鼻子高高地扬起，傲慢、装腔作势、冷漠，看不起那些居住在美国的贫民。他们视我们如同野蛮的种族。

现在，我也没有认为那个态度有什么不对，我们很可能非常粗鲁，但我是相信民主的。如果对他们谦虚一点能使人们好一点，为什么要那么做呢？表达自己的想法需要更多的勇气，让他们遵从自己的内心，但为什么，为了大众的感觉，我们就要去自贬身价或者不论做什么、不论什么时候都要对别人谦虚吗？

我的朋友们，现在是1935年，不是1845年，历史的潮流已经不可逆转。

造化弄人，今天，美国已经是地球上最古老的联邦政府了。在科学、艺术和某些实验的领域，在政治领域，我们做得都很好。

试想一下，我是世界上最后一个狂热的爱国者，狂热的爱国者和喜欢夸奖别人的人通常都是对自己的定位不明确的人。你也许通过看一些新闻图片认识到某些事情，看一些从柏林、巴黎、莫斯科、罗马和东京发回的照片，但你看到的却不是真的，我一点也不喜欢这些无聊的新闻和这些爱国话，对于我来说，至少，对这些无聊的话一点兴趣都没有。

但是，那些事情和我所鄙夷的对任何事情卑躬屈节、对大洋另一边所发生的事情抱有怀疑的人相比都不算什么了。我不会让他们来喜欢我们，我向上帝发誓。反之，我希望他们大多数不喜欢我们并且我真是这样想。但国外发生了一些事情，尤其是给某些人提供了一些特权，就像给路边叫卖传家宝一样，能够吸引那些自以为是的贵妇，彼此互相取乐并且小声地说："啊，难道他不够好吗？"

大多数情况下这些帅小伙一点也不怡人，他们缺乏高雅的举止。99%的情况下他们完全不懂我们的任何事情。不论他知道我们什么，他都知道这些美国人是自愿地离开他们自己的家乡，因为在那里生活，你要知道，以前所有的得体、快乐、充满了艺术和音乐的生活现在在他们的家乡都是可怕的。事实上，这些殖民国家的爱国者们的激怒与误解在我们和所有分裂的政权和分裂的国家之中。因为这些感到知足的移民者就会对他们自己的祖国恶语相加，以博得和那些贵人一起用餐或者去礼拜的机会。

15 7月4日

1776年7月4日上午10点，杰斐逊先生与60名议员相安无事地坐着。著名的作家本杰明·富兰克林，这个议会伟大的老人，现在已经70岁高龄了，走到杰斐逊身边给他讲了一个有趣的故事。富兰克林先生是一位著名的故事家。只一会儿工夫，他就讲了美国希望、梦想和抱负的故事，故事令法国国王和王后非常信服，以至于他们后来和荒野的英雄们建立了共同的事业。

富兰克林和杰斐逊为彼此奉献着，他们从一开始就互相了解。而其他方面，他们却没有一点共同之处。富兰克林是一位绅士并且是一位能主导这样庄严集会的老人，而杰斐逊是一个仅仅36岁的小伙子。除此之外，富兰克林任何场合不但能说会道，而且说得很好，杰斐逊对所有情感上的表现都非常厌恶，并且总是保持沉默。

当杰斐逊拒绝加入辩论时，议会的其他很会公众讲演的成员认为他摆架子。当然，每个人都早已认定这个留着浓密红头发的弗吉尼亚青年是个非常聪明的家伙。北部的清教徒，要是谁家有全国最漂亮的女儿，他的邻居都不会同意把女儿嫁给一个拉小提琴的当老婆。但他很聪明，再说，他还会写作。事实上，杰斐逊具有非常了不起的政治天赋，他是一个厉害的翻写人。

就《独立宣言》来说，它是曾经以人文思想设计的最精明

的政治文献，但它根本不是原始文献。它的确是一项最伟大的编辑和重整作品。

当时有个任务是起草各种类型的一个明确声明，目的是要告诉全世界，为什么起义的各州被迫挣脱国内政府的枷锁，本来这个任务是委托给革命委员会的五个成员，现在被收集在国王陛下的费城法院。

可是这五个成员中，有两个根本没现身。另外三个中，一个是马萨诸塞州人，叫约翰·亚当斯，他在那方面一点天赋都没有，他自己也觉得很抱歉。他那时手头上还有很多其他事情，并且他知道，在大多数国会保守派中他不太受欢迎。所以他心甘情愿放弃了这项工作，留给他的另外两个同事完成，本杰明·富兰克林和托马斯·杰斐逊。

富兰克林像大多数聪明人一样，当他知道其他同事可以比自己做得更好时，非常乐意把他的工作拱手让人。所以，杰斐逊坐在费城著名内阁操纵者本·伦道夫的小屋子里，一边阅读，一边剪切，一边粘贴，一边撰写。

但夏天是闷热的，杰斐逊适应了野外的开阔空间，受不了狭窄的拘束。所以，他在城郊寻找更方便和通风的地方，并且在一个叫格拉夫的德国瓦工家里发现了适合的地方，他搬去跟这个德国家庭一起住。他带着一些细软行李和他原来房东刚给他做好的一张小桌，桌子做工非常好，现在还在华盛顿外交部里放着。实际上就是在这张桌子上，杰斐逊撰写了美国《独立宣言》。

许多年之后，有人责备托马斯·杰斐逊，事实上在他著名的《独立宣言》中，真的没有用到所谓的原始文件，对此，托马斯·杰斐逊如是回答："为什么要有呢？"

那本来不是他的工作，他甚至仅仅被要求，用能让更多人明白的语言，说说在大多数美国人心中已经相当普遍的某种思想，他因此替换了三种不同的已经被印刷成册的文献，他以最有意义的语言编辑它们，并把它们粘贴在一起，然后拿给他的朋友富兰克林修订。对于这类工作，老本杰明是一位理想人选。除此之外，他虽受定期性痛风折磨，但仍尽力做到最好。

富兰克林提出了11条改动建议，虽然都是些小改动，但每一条对加强文件总的调子起到非常巨大的作用。

杰斐逊感激地把那11条改动整合进他的四页密密麻麻的书面总结里，再拿去找亚当斯。亚当斯说他做的每一处改动都恰到好处，就如同本杰明·富兰克林和托马斯·杰斐逊一样匹配。

1776年7月3日，大陆会议开始所谓"审议"托马斯·杰斐逊的这个文献。代表他的委员会，杰斐逊上午提交了这份文献。7月4日上午也是在这儿，他们一边谈着，一边搔痒，因为屋子里到处都是苍蝇。杰斐逊看到那些苍蝇从最近的桌子上一齐飞进屋子，笑着对富兰克林低声说，那些苍蝇是他们最好的盟友。一点都没有成熟绅士的风范，丝缎渗上了汗液，假发掉下了粉块儿，他们一整天都在那个苍蝇漫天飞的屋子里度过。

杰斐逊是正确的。那天下午，一小部分小的改动整合进文献后，国会通过了《独立宣言》，同时下令印刷。约翰·邓拉普是一位地区的出版人，他彻夜工作，只为能尽自己的绵薄之力。这些都为了一个全新的美国，他们应该更清楚1776年7月4日在远方的费城发生了什么。

杰斐逊想要回到弗吉尼亚州老家，他觉得自己为共同事业已经做了所有能做的，决定收工。走过板栗大街，像所有聪明人在这种情境下做的一样，给自己买个礼物。他花了9.35美元给自己买了一个新温度计。作为一位忠诚的好丈夫，他还花3.37美元给妻子买了七副手套。剩下的零钱12.5美分叫了杯啤酒，31美分分给了招呼的乞丐。

四天之后，也就是7月8日，费城民众第一时间读到了他的声明。城市的大钟为暴力而鸣，那是民众在庆祝这一伟大事件。这些钟声太响，以至于亚当斯抱怨它们搅了他的午睡，他需要为他爱国的劳动人民保持清醒的头脑。

两周之后，杰斐逊宣誓他通过政治的考验，打包新的行囊，带着他的小提琴，幸福地离开，带着妻子和34个白人家属以及83个奴隶的大家庭。在他的行李里面，放着那四页处理相当粗略的报告总结，这是《独立宣言》的一手草稿。他把它们带回家，并忘了它们。

但到80岁的时候，杰斐逊准备去参加他的最后嘉奖（7月4日名至实归的奖励），他要求他的墓碑上要刻一句简短的话："托马斯·杰斐逊之墓，美国《独立宣言》作者，弗吉尼亚州的宗教自由者，弗吉尼亚大学之父。"

今晚的节目就要结束了，朋友们，但杰斐逊的精神会一直伴随着我们，因为神知道，我们需要他的精神！

我遇到了一个朋友，这个朋友告诉我他一直听我的广播节目，我说："谢谢你！而且是两个人感谢你。"他说："另外一个是谁？我想是你老婆！"

我说是，他说："你知道的，这个节目对于我来说不同一般。我不是为了收听而收听，我听是因为我确实喜欢它。"

然后，我问他是否吃过午餐了，以及我能否给他买一根香烟，他拒绝了，因为他已经吃过午餐了，他也不抽烟，但他想恭喜我。我说感觉非常好，因为我喜欢被恭喜。他说："你知道，你的广播节目基本上是唯一一个传统的节目，唯一一个没有外行的节目。"

紧接着，他问我为什么不参与一些业余的节目，我说："你是什么意思？是指业余的历史学？"他回答："是，为什么不呢？"但我告诉他这不可能。现在在我的节目里已经有现代政治家，同时我们希望在节目中营造和平安宁的氛围或者是为这种氛围做引导……当我们登上同一程序时，斯大林正与希特勒讨论着什么，墨索里尼和埃塞俄比亚皇帝做了本土的战争舞蹈，并通过空中飞行可怕的双关语：安东尼·艾登和赖伐尔。墨索里尼把他的歌曲和舞蹈跟着一个小男孩儿的钢铁头盔，拿着机器合唱枪……所有的人都唱："再见，国王陛下。立即到埃塞俄比亚。"同时在我的广播时间里所有的现代政治会议闹剧的管理系统、学会、警察资源也充溢着四十九大道和

第五十大道……不，我应该还是坚持我一人的广播时间。

目前，如果我与别人有不同意见，对我来说，我可以与我唯一的听众我的妻子在家里吃完早餐，同时她可能做一个谜语游戏，然后一遍又一遍地问我："毛利语的三字母密码是雀斑的意思吗？"

现在，我开始同那些不是业余的但非常正直和有深刻思想的人以及实业家、政治家开始交谈……这个人自己也开始忘记……小男孩儿在大学里说着经济学方面的语言，听着他自己的名字，但是他们认为小男孩儿仅仅是一个同时代的人……因为一个实用科学经济学家对自己的历史背景只用了很少的时间，其结果是我们通常在我们的学院中虚无缥缈地得到这些经济，就像棺材里的穆罕默德，在天堂和大地间漂浮的灵魂。但随后，这引发了很大的一个混乱，就牵扯到我们的学术绅士……他们很有可能在1959年对此做了一些事情……如果有，到时可能留下的只是一些实际的经济学标题……所以，我们最好直接探寻企业和一个确定的、有尊严的老先生的名字——托马斯·格雷欣。他可以带来光明，他是亨利八世和伊丽莎白女王的财政大臣，他因为年龄大了平静地老死在床上。

谁都可以成为这两个人——可以这么说，主权国家稍有怨言，逃脱绞刑，确实一定是一个人不小的能力。除此之外，托马斯·格雷欣奠定了股票交易的基础——偶尔你会在历史书籍上发现他作为公爵所做的事情。作为一个实践主义人士，他为英国参议会提供并建立一个很好的自我内部的交

63

易，倘若他们提供必要可靠的土地。他们的确是这么做的。他租了楼上的商业机构，所以他失去了任何风险。这件事发生在1565年。

之后，过了许多年，他已经是安特卫普的财务经纪人，这是16世纪后半期整个非洲大陆最大的货币市场，只是当时英国已被认为英镑出现了麻烦。英镑，背后真的没有什么作为，可以使英格兰完全破产，需要支持国际货币市场。托马斯做的努力，只要他能这样做，他则诚实地带动整个发展，即便他不能以诚实的方式进行，但他本国政府不会提出任何问题，所以他仍然得到他在伦敦的主人的青睐，直到低地国家的叛乱爆发……当他回到伦敦，他留下一个奇怪的遗愿并于1579年死在这个地方……因为他规定所有的从交易所赚来的钱要投资到一所学院以维持那个证券交易所。

该学院确实存在，从1597年至1768年，它教授几何、法律、音乐、言辞和神学。也许交易所的董事在聆听……一个充满生机的新理念……我们的大金融家刚才也许并不像在几年前那样受欢迎……它看起来是高雅的一封信的开头：纽约股票交易所会员和神学教授……为什么不尝试？这样的工作将座位和椅子结合起来，家具类新法例可能会在我们的智力和财力的生活令人耳目一新。

但是，我们再打扰一下格雷欣，他现在可能已经完全忘记了对这件事的期待。英国货币一直处于绝望中，在亨利八世和爱德华六世以及玛丽和伊丽莎白女王的统治期间，这些高贵的君主就像我的祖母一样……她过去常常欢迎到访者在午茶时间到来，所以她理性，只要有热水，还有茶……这些杰出的统治者曾经认为，只要有文件，就有金钱。我们很难责怪他们，虽然，这很难说是不是已经清楚地说明了过去5000年的财政历史。但似乎没有一个政府去学习这个课程，英王几乎破产，他起用了一个非常智慧的专家，这个问题得到理顺，这是托马斯·格雷欣的工作，在他的报告中，他制定了著名的格言，劣币必然驱逐良币。

　　顺便提一句，作为一个好奇的问题，16世纪的货币系统是那么糟糕，毫无疑问，格雷欣绝不是这个行业唯一的工作者。事实上，他的前任是谁，甚至永远将不会比他更好地了解自己。

17 7月11日

谈到格雷欣法则，正如我们上个星期天谈到的，对于那个奇怪的法则，它用那样明确无误的术语说明了劣币将不可避免地驱逐良币，延伸这个法则到人类活动的其他部分……坏的戏剧将会驱逐好的戏剧，坏的音乐往往会驱逐好的音乐。一旦开始这个问题，我沿着这条线多做一点思考（就如一个人对待一些相当困惑的课题做思考一样），而且我突然明白它了，正如它也让其他人明白了，格雷欣法则同样必须为这个事实负责，这个事实就是战争将总是驱逐和平，除非做了一些非常明确的努力使和平比战争更加令人向往。到目前为止，一些事是我们无法以最完美的方式做到的。

我知道这样一个声明将极大地使那些诚实的人们失望，他们把自己的全部业余时间都用来传播和平的福音。但在他们的努力中——他们所有出色的努力中，我要说——他们似乎忽略了一个非常重要的条款——世界上大部分的人都仅仅从他们的祖先——穴居人——那里移开了一小步。在亚里士多德时代，那些能独立思考的人和不能独立思考的人之间的比例大概是100人中有5个人，也就是仅仅5%的人能独立思考。我们没有理由去怀疑人那以后它具有非常重大的或实质性的改变。现在，能够读懂关于战争方面的内容的人数当然是大大地增加了。但是，那些真正能对他们在报纸上看到的内容进行独立思考的人数还是跟过去的3000年一样，大约5%的人。这使和平成为和敌人进行战争的高度危险的冒险。和平作为一件好事，它服从于格雷欣

法则，坏的将总是驱逐好的。因此，这就取决于这5%的人了，取决于每个思想和科学领域的领导们，取决于从根本上攻击解决这个问题的人，首先要使他们自己清楚，为什么人类会如此不由自主地将沉溺于那个奇怪的、高度危险的我们称为战争的户外运动。

就在那，当我到达那个点时，我决定查阅一直放在我书桌上的三本书中的一本，其他两本书是罗杰的"英语分类词典"，其中最大的好处之一是医学界有史以来赋予人类的。普勒茨教授著名的日期书，可以让我在生活中无须进行烦琐的事情记忆。因为已故的普勒茨教授为我记着……最后的世界年鉴。就像那个著名的《纽约时报》信息局一样，它与弗雷德·艾伦可喜的新闻片完全相反。它不仅看到了一切，知道一切，也说出了一切，并正确地说出了一切。我在索引里查找凶杀案，当然，它们在274页，隐藏在人类抵达坟墓的其他方式中。现在，因为我们的医生已下定决心推翻在他们自己领域的格雷欣法则，让生（这做的是好事）驱逐死亡。由于各种原因，每100000名居民的总死亡人数从1911年的1418人减少到了1932年的1089人，这是一个巨大的进步。与20年前相比，如今死亡人数每100000人中不到400人。沿着这条线，善良的医生们似乎已经取得了巨大的进展。

肺结核病曾是我们童年时期可怕的疾病，已经从每100000人中有125人死亡降低到了56人；脊髓脑膜炎从11人降低到了2人；肺炎从132人降低到了77人；支气管炎从19人降到了3人。因此，我学医学的朋友们告诉我，心脏疾病与一个人对生活的一般心理态度有关系，在我们匆匆忙忙和不安的日子中大大地增加，从每100000人中的159人增加到209人。癌症已经增加了，但这可能是由于这个事实：很多人都达到这个年龄，在这个年龄他们似乎最有可能成为这种折磨的受害者。阑尾炎也稍微增加了，因为大多数人都不再觉得那个曾经让我们祖先像苍蝇一样死去的奇怪的"肚子痛"是一个真正的威胁。他们等了很长时间并认为："噢，这么简单！就像理发一样。我能等到另一个星期再来做这个小手术。" 然而，这个星期太长，在医院里两星期就成为永远待在墓地了。

但是现在，我们看到了另一组统计数字，然后我们不再歌唱我们的崇高和喜庆的赞美诗。因为这对我们的文明是一个非常可怕的控告。自杀——过去的数量已经很高了，每100000人中有16人，已经增长了几个点，但是，所有最可怕的是：他杀、谋杀，死于他人之手的暴力死亡已经从1911年的每100000人中有6人上升到了1932年的9人。

我以此为证明，通过自然倾向，那个人并不是很多人想要我们相信的小天使。相反，他是仅仅最近才被驯服的一个野蛮人，他需要经常被看守着，免得他回到野蛮。

当然，这种统计数据永远不可能"看得见的"。很难想象每100000人中就有6.2人。但是，你可曾看到过将近5万名士兵游行到某一点？这会花上你一下午的大部分时间去看他们列队走。然而，他们确实代表着爱好和平的军队，同样有更少的爱好和平的老百姓在美国被谋杀在1930年至1933年这三年间。然而，在1930年至1932年之间，少了一年，自杀的人数可以组成一个将近有60000人的军队。

　　我承认这些都不是非常好的图片，但它们确实是存在的。我们整个营的同胞或是被他们自己的手足屠杀了，或是被他人杀害。当你想到这个数字的时候，你会同意我说的人们依然离他们开始变得真正文明的时间还有几千年远吗？

　　直到那个应该已经达到的点，我们必须接受这个残酷的事实：我们同胞中的大部分人和其他国家的大部分老百姓在纯粹的暴力行为和最能吸引他们兴趣的战争中找到了一些东西。

　　我们经济历史学派的朋友们把所有的战争都归咎于国际竞争和贪婪。他们有一部分是正确的，但只有部分……我们所有著名的独裁者们的所有贪婪和我们所有帝国建设者们所有野心勃勃的梦想将归于零。将完全的失败——如果人类大众没有从参战中获得非常明确的满意。

　　一方面，战争使人从和平时代最糟糕的敌人那里获得自由，我指的是从他正在从事的无聊事业中。我们的机械和工业文明可能吸引某些机械呆板倾向的思想。但是，很明显，对于我们大多数邻居来说，他并没有从他们真正的内心本质中获得满意的发泄途径。我们的机械文明对于数以百万计的人意味着无聊……例行公事……一个人在做一些不值得困扰的事的一种感觉。参战去……到军乐队去（亨利·门肯适宜地称之为人类最危险的敌人）……有机会摆脱工厂和单调的家庭所带来的如死一般的常规生活……去变成一个英雄……穿好衣服……有一日三餐……一种没有责任的生活，去冒险和生活的机会，去过一种儿童时就梦想的生活，去变成一个重要的人物，而不仅仅只是薪金名册里的7349号，去实现荣誉和赞美，去当一个女人为之微笑的英雄，不要成为在大机构中让人不理解的一个微不足道的小人物，来到所有和平主义者似是而非教义的日子，所有对理性的呼吁，对，理性本身，飞出了我们没有耐心的灵魂之窗。和平主义者或许也没说什么，他必须说的所有一切都忘记了，教堂支持一方，和平与亲善的福音一夜之间变成一个让人讨厌和恶意的福音。

答案——同样的答案对于格雷欣可怕的法则每一个其他细节……若没有我们群体中更加有智慧的成员积极支持，好的将总是被坏的驱赶。同样的答案盼咐我们不断地提防邪恶和攻击邪恶，就像我们攻击杂草根一样。答案就是，我们必须给人们一些自然的代替物来代替他们的自然情感。我们必须给他们一个在和平年代他们对有更多颜色和行动的生活自然渴望的发泄途径，否则必将会有那些我们所知道以战争为名义的定时爆炸。简言之，除非我发明一些安全阀（发泄怒气的方式），这个安全阀可以让人类在单调、乏味的和平时期发泄强烈的感情。他将会把战争看作一个男人流放在一些糟糕的沉湎于喝酒的西伯利亚村庄。

有一个好奇的个人事件。我准备好了这个小小的演说，然后碰巧我买了7月哈勃的杂志，在里面我找到了一篇利奥·C·勒斯滕写的最优秀的文章。我不认识他，我对他不了解。但他一定遇到了这个同样的统计数据，因为它下了同样的结论，他比我用了更加雄辩的话语下了结论。一方面，他有更多的时间，因此，比起让你去弄到7月哈勃的杂志，我想不出更好的事了，然后你读一读勒斯滕的文章。仅仅标题就说明了这个故事，一个悲伤的标题，但却是一个真实的标题，书名为"男人喜欢战争"。

确实，男人将会继续喜欢战争，除非我们使得和平像战争一样有魅力，通常这是和平爱好者最不愿意做的事情。让和平像战争一样有魅力——使美德像邪恶一样有魅力——我们终于朝着一个更加爱好和平的美好世界的正确方向迈出了第一步。

18 7月14日

以前我听过一个忧伤的爱情故事。女孩儿去了大城市，但男孩儿还待在农村继续努力。10年后，男孩儿变得很富有，决定到大城市去找他的梦中情人，并把他的所有都献给她。他来到大城市……

到处寻找……他把所有有名的酒店、饭店和夜总会都找了一遍，之所以这样，是因为他觉得他的爱人肯定会去吃饭。他在不同类型的公车上坐了有四万英里，希望能瞅见那张挚爱着的脸庞。他来到地铁站，在那里他告诉自己，当我的爱人从一个地方去另一个地方时，我迟早会遇见她。最后，他同一名私人侦探取得联系，在这名侦探花费了很多用于交通和娱乐的经费后，最后宣布实在是无能为力。

后来的某一天，这个可怜的特里斯坦在报纸看到，原来他的伊索尔德在航行前一天晚上在欧洲度假。他在朋友的肩膀上伤心地哭泣，后来他的朋友说："你在电话簿上找过她的名字吗？"

他说没有，于是，他们就找来一本电话簿，开始找过去十年来女士的电话号码……就在合适的首字母缩写下找！

这真是一个很悲伤的故事，我在好莱坞的爱情故事片都没见过。这个故事正如我所描述的那样。但当别人问他，为什么不从H开始找（H是Heloise的首字母）或Bryant 9或其他的……他回答说："原因很简单，我根本就没想过这个问题！"

现在，我们听到很多关于战争的东西……只要每次丰收都会到来，战争怎么会来到欧洲呢？只要雨季停止并逐渐来到疟疾泛滥的季节，战争怎么会来到非洲呢？只要亚洲干燥的季节被汹涌的雨季替代，战争怎么会来到亚洲呢？灵活的外交官带着他们的快件和他们裤子上新有的褶皱——他们的裤子都是最新潮最精致的裁剪匆忙地从一个首都赶往另一个首都。与此同时，他们自己国家海军的吨位数也被计算和比较着。诺贝尔和平奖得主，巴特博士，曾把许多在他学校学习的学生都给退掉了，因为他们总是以和平的名义搞喧闹的示威活动。巴特博士匆忙地来到欧洲，为了国际间的友谊对一项国际任务进行斡旋……简言之，尽管整个世界都在大声宣称对和平的热爱，但渴望战争的呐喊声似乎更大，而且原因很简单。（但似乎没有人愿意给出答案）因为这个答案会对少数一些极有组织的国家造成巨大的冲击，这些国家不仅统治着它们自己的国家，还有其他的一些国家。所以，没有人会给出这个答案。因为它们特别擅长获取敌人的头皮，工作是稀缺的，所有的一切都按照原来的运行，世界没有终点，阿门！

　　毫无疑问，总有一些为了从战争中获利的人热爱战争……为了刺激，为了不无聊，为了战争中所谓的冒险，但大众只有饿了才会动。因此，旧式战争都是小的战争。中世纪的战争好比帮派争斗……属于同一种族的雇佣兵经常争斗，就好比纽约那些讹诈钱财的歹徒为了一个政治靠山而互相争斗一样。但老百姓只有等到饥饿的时候、需要土地的时候、需要影响力的时候、需要商业渠道的时候，才有可能被拖进这些争斗中。当这个世界达到饱和状态时，他们就开始需要这些东西，这种状态似乎30年前就达到了。大约在19世纪，在人类的控制下，世界达到了供求平衡。但30年前这个平衡被粗鲁地破坏，并自此出现了一系列灾难性的战争、独裁、暴政，以及前所未有的大规模谋杀，但这仅仅是个开始，因为今天世界上的每一个国家都在努力地增加国内的人口。

19 7月18日

这些天来，我为动物不能阅读感到很高兴，因为在我们的报纸上很少有东西能让我们为自己或人类感到骄傲。我觉得有点不舒服，因为我看到所有这些事情发生时，都打着种族纯洁或石油或其他一些站不住脚的幌子，可是我什么也不能做。我希望你们中的大部分人跟我有同样的想法。现在，你和我，坐在看台上，慢慢地，非常缓慢地观看自从人类纪元开始就上映的最不可思议的军事展览之一。阿比西尼亚冒险不是几十个殖民者小小的军事野餐，因为这些殖民者开始逮捕当地一些贩卖防弹护身符的义务人员，并且开始调查一些发生在废弃的牛栏里的食人案件。在昏暗的非洲，当地一些可怜的无辜儿童显然不明白为什么白人想杀死他们的兄弟，并且想到后来这些白人可能要吃了他们，他们感到无比害怕。

不，这将成为有史以来最长距离的殖民远征之一。关于这件事，我们了解的细节不多，但好像在殖民远征实施以前，大概有20万人将会从意大利搬迁到索马里兰。当然，这20万人丝毫也不知道，他们将去哪儿，等待他们的又是什么。他们将从气候温和的地方搬迁到世界上最热的地方。我曾去过一些热点地带，但总是有人拿瓶水在我后面走着。即使这样，我仍感到口渴，有时几乎无法忍受，但这个远征水显然必须来自苏丹港。苏丹约250英里以外——如果你见过苏丹港的图片，你就会知道什么样的水，你可能会认为它们来自荒凉的红海的港口。另外，从一个地方运送水到另一个地方的业务

并不像听起来那么简单，而且作为一项规则，航运并未大大提高水的运输。当它终于到达目的地，仍大量匮乏，平均每天每个士兵只能有两品脱。

如果你想知道他们只有两品脱水的一天如何度过，尝试下面的实验。一个普通夸脱的牛奶瓶子灌上水，然后用它进行一切活动，饮用、剃须和清洗，在一天24小时之内。在一个炎热的，约华氏90度（32.22℃）的天气下尝试它。当然，那里比这种情况还热。在埃塞俄比亚温度计上升到华氏120度（48.89℃）。试一下每天一夸脱水，持续一个星期，所有的时间都打网球（我想差不多是建公路一般的活儿）尝试一下！你就会体验到这20万年轻人在埃塞俄比亚的生活是什么样子了。还有其他细节，但我认为这已经足够了。我有一些伟大的意大利的邻居，对他们很真诚地喜爱。我觉得他们迅速、急切和快乐，除了完全被我们的工业文明惯坏了之外，我发现他们极其礼貌，并无一例外地非常体贴。他们会为了一个愉快的微笑做世界上的任何事情，这也是为什么我不想眼睁睁地看到那些漂亮男孩被充分灌输国家荣誉、民族的命运和恺撒帝国的思想。（好像逝去的帝国可以起死回生一样！）我讨厌看到这些可怜的孩子，本可以享有幸福的生活，却数以万计地来到地球上最可怕的地方，为了什么？

关于这个，我们要诚实一点。欧洲的大国就没有圣人，他们的所作所为跟今天意大利的所作所为一样。但是，即使其取得的进展有时似乎像慢冻糖蜜一样，这个世界确实在变化。我们的祖先总是发现一些文本，对他们来说，他们这样做完全是根据上帝的旨意，但我们学得更好。当清教徒听说有些反对他们的印第安酋长和他们的同部落的人突然患病死亡时，他们下跪感谢上天。我们现代人没有他们的热情，我们认识到可怜的当地人只是死于麻疹或天花，这些病是由白人带来的，而与上帝毫无关系。

我将是最后一个为英国人以及我的荷兰祖先通过不法手段掠夺殖民财产而忏悔的人。但任何一个诚实的人，亲眼看到自己的所作所为，亲眼看到他们自己在公共卫生和公共教育和医院的问题做了什么，亲眼看到他们为保护妇女和儿童做了什么，他们会感觉到过去美好的日子已经过去了。显然，他们一去不复返了。这可能只是一个糟糕的情况，但可以肯定的是，这是一个罪人在为他过去的错误行为忏悔。领先的殖民国家无疑已经改变主意，好像他们说："我们为我们的祖先的作为感到羞愧。现在，让我们向当地人展示，我们没有像被描述的那样坏。"

结果，慢慢地，黑人和白人更加了解对方了，那是以为不存在的。在这里或那里的黑人男子几乎开始相信他的白人邻国，那也许是整个埃塞俄比亚混乱情况下最令人痛心的了。这将导致黑人种族中出现可怕的仇恨……他们也有自己的煽动者，而恰好是伊斯兰教的煽动者将是相当危险的家伙，它在这个世界上有2.1亿伊斯兰教徒。他们还没有被拖入这件事，因为，让整个事情更可笑的是埃塞俄比亚人是基督教徒，在大部分欧洲人听说这个新教条之前几个世纪，埃塞俄比亚人就被改造成为基督教徒。但是，在某种程度上，非洲北部的伊斯兰教徒会觉得这个黑人事件是对自己安全的威胁。

消息在世界上那些遥远的地方传得很快。没有无线电，没有电话，但消息传得一样快。记住，只有大约1/4的世界接触了基督教。所有这些不喜欢我们的不同的部落都会收听来自东非的消息，目前在那里一个基督教国家将入侵另一个基督教国家。他们会说他们绝不愚蠢！他们中间的一些医生和传教士会告诉你，在过去20年里，这些很受欢迎的心理测试将显示黑人孩子比白人孩子更聪明。因此这些话将在2亿异教徒中传开，白衣人是没有希望的，并且在你们的土壤里还有许多石油可以开采。或者如果您恰好有一些备用的土地，白人可能方便地用来承载自己的过剩人口，他们会说，在这种情况下，白人将立即忘记好的解决方案，他们拿起枪、开着坦克、装甲车和飞机掠夺你们的石油和土地，杀死你们的男人和女人，让你们的孩子死在荒野……因此，无论你做什么，你一定要教您的孩子永远别相信白人。白人似乎正在改变主意，当他们真的试图弥补他们过去的罪恶和错误的时候，这事实上不是最合适的时候。

当然，我们自己很少有在殖民地事务的经验。我们有菲律宾，但其余的，我们在殖民地问题的兴趣，纯粹是学术，是太糟糕的问题，它很遥远，为什么要担心？

但是，伟大的殖民大国无疑很担心，这不可能仍然是一个孤立的小规模战争，有一些地方在非洲的遥远角落。正如我所说，这将导致其他大陆人们的回响，而且非白人仍远远多于白人。曾经有一段时间白人不必对此困扰。然而，如今它是一个生死攸关的问题。对于在1914年和1918年之间发生的白人兄弟屠杀，白人教授黑人怎么杀人。他拉着他离开家乡，把他带到欧洲，他刻意训练他携带枪支和磨损气体面罩及驾驭坦克。现在，他希望黑人永远不会把过去20年来白人所教授的付诸实施。

从这个角度看，意大利在非洲的冒险也许有所不同。这可能不关我们的事，但现代世界的变得越来越小，今天，每件事都与每个人有关。

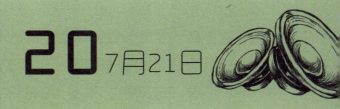

20 7月21日

就像我上周说的，这个埃塞俄比亚事件不关我们的事，所以，我们不能完全感觉到愉快，因为它是一个相当冷血的表现。但是，当我们坐在露天看台上的时候，没有人可以阻止我思考自己的一点想法，然后，我想起了所有类似远征的奇怪的事情。

当然，埃塞俄比亚军队不是任何一个现代化的军队的对手，无论是操练、装备还是训练，都不能和现在的意大利相比。我听说大量的关于他们的优势，但没有看到那会带他们到哪里，或者给他们带来好处。埃塞俄比亚是一块广阔的土地，它差不多是意大利的3倍，大部分领土位于使人感到麻烦的地方，因为它们由大量的非常高的山脉——在10000～12000英尺之间构成，坐落在那些深山谷中的山脉，比这里其他任何地方都热。人口很少，只有1000万人，但它们有一个巨大的优势——他们是在自己的地盘，他们在自己的土地上。如果历史老师什么都没教，这就表明，他们有更高的破坏人类的最初的天性可能性。

你可以进入他们的城市，占领他们的高速公路，顺便说一句，埃塞俄比亚的整个高速公路由一个487英里长的铁路组成。你当然可以建立堡垒，并以这种方式维持秩序，或至少是表面的秩序，但现在你看看其他方式，这将是一个麻烦。

为了使问题更加复杂化，埃塞俄比亚在苏丹的东面，而苏丹则是掌握在英国人手中。我不是专家，但我被告知，英国将需要约5万人的军队保卫苏丹边境，以便没有武器或供应品抵达埃塞俄比亚。但是，我告诉你没有人希望大英帝国掏出1/4的财

政，这当然不是它的决策，大部分英国人民对所罗门王和他的后裔的同情似乎是暗淡的，很多人似乎相信，为什么不是黑人，是因为与其密切相关的犹太人来自红海。

事实上，他们这些所谓的历史是经过包装后的阿拉伯半岛和巴勒斯坦地区的故事。有一个关于婚礼的故事，是所罗门王与他的来自希巴区的客人，这个故事很显然已被埃塞俄比亚人视为真理，这就显示出他们认为自己更加接近于白种人而非黑种人。但在德国，现有的学者提出了他们自己的种族理论，如同我们美国的宗谱一样重要。犹太人的规则却仍旧以白人世界的规则为主。

这就让整件事情更加奇异。对意大利人来说，他们含有大部分的犹太人的血统。南部意大利被撒拉逊人和伊斯兰教侵略者统治了500年，而且被汉尼拔和他的军队劫掠了15年之久，这可能会令许多人感到意外，但实际上，这个伟大的犹太人一直将自己完好保存在意大利。远离他的基地已经整整15年了。

当然，所有这些侵略者在本地人口中留下了他们的血统。因此，谈论纯粹的意大利人种、美国人种或任何其他纯粹的人种是荒唐的。除了布尔曼人与霍屯督人，也许今天没有纯粹的种族了。请参照德国报纸。

但除这些细节以外，还有一些很有趣的事实。埃塞俄比亚人早在罗马人之前已经是基督徒。因为他们的国王在君士坦丁大帝将基督教作为罗马帝国的国教几年前就已经承认了基督教。

过去两千年来，所有长途探险队的记录并不是一个非常令人鼓舞的事情。公元前415年，雅典失去了在希腊的主导地位，因为它对锡拉库萨发起了愚蠢的远征。那时，雅典到锡拉库萨相当遥远。一开始，雅典人运用巨大的陆军和海军对付锡拉库萨，共137艘船和35000人。然而他们都以自己的方式。但是，他们离自己的根据地太远了。7000人左右的残兵败将最终被遗弃在了锡拉库萨，而这里的瘟疫摧毁了他们的健康，直到墨索里尼，这一悲惨的状况才最终结束。

历史充满了不幸的色彩。很多事件与战争相比都不是非常重要，但影响深远。当北欧的日耳曼野生部落（比不上受过良好训练的罗马士兵）公元9年前后，在著名的条顿堡森林之战中摧毁了瓦鲁斯的部队，罗马放弃了整个北部欧洲。关于这场战役的谣言传播甚广，并给所有的日耳曼部落新鲜的勇气继续争取独立的斗争。

1896年，可怕的意大利人在埃塞俄比亚阿杜瓦附近被击败了。那时，意大利损失了几乎5000人和3000名囚犯，这些囚犯在被激怒的部落成员的控制下遭受了相当可怕的命运。同样在报告中，提及了关于非洲的问题，它鼓舞了非洲人抵抗白种人入侵的信心。

但是，这样的远征在2000多年的历史长河中，有一打的远征，比如军队，都远离其根据地，都被完全摧毁……与惨败相比，他们都已经变得无足轻重，如拿破仑对俄罗斯的远征。

我们所知道的关于拿破仑的事情，都是我们在表象上所熟知的一切。这都是早已准备好给我们所熟知的。拿破仑赢得了很多战役，因为他在数学统计方面很有天赋，他可以把任何数字图标都与他的军队和战争联系在一起。他把一切都准备好，以保证万无一失。当然，这其实也未必有多大的联系。不，不是因为天气，因为最终战胜他的俄罗斯人也是在同样的天气下战斗。天知道。旧俄政府从来没有任何闻名的事，至少在它的士兵方面是这样。拿破仑被两个他完全忽略的细节打败了。我不知道为什么它们任何一个都不曾被提起，因为它们在许多关于1812年远征的著作中都可以发现。

首先，拿破仑并没有征询他的兽医的意见。在他看来，马就是马。如果马在法国吃饲料然后拉着枪炮，那同样的马为什么不能在俄罗斯吃饲料并拉枪炮？一切都非常简单！但是，只是有点过于简单，简单的事情却能造成灾难。就像法国的马（当时没有商议过的）吃了俄罗斯的饲料，它们绞痛，生病，死亡。

奇怪的是，这种事并不是第一次发生。因为我们现在知道了，鞑靼第一次入侵俄罗斯之所以会突然结束，正是因为马群中发生了一场瘟疫。那些俄罗斯平原湿润的饲料可能就是致死的原因——那都是不同于他们家中的饲料。因此，无论是鞑靼，还是拿破仑，都知道没有拖拉机他们就无法移动他们的供应品。

还有一个东西出了错，拿破仑在设置他们的炮车和火车的轮距上犯了一个错误。俄罗斯那时候的道路和我20年前走过的路是一样的，他们是单轨道，冬季的时候泥泞，夏季的时候尘土飞扬，路上有两条被农民推车长年累月压出来的很深的痕迹。但是，俄罗斯农车的轮距和法国的炮车是不一样的。法国携带枪支弹药和供应品的车不适合进入俄罗斯的道路，于是都被卡住了。这些车全都坏掉了，并且在1000英里范围内没有修理店。后备部队在军队后面，物资无法赶上部队。除此之外，马也开始死亡。正是这轴距和绞痛的马匹打败了拿破仑，而不是俄罗斯部队的英勇。

21 7月25日

刚好大约8个月前。一贯坚持打破所有理智行为的法律，在那要求每个生物都要有所休息和放松的条文上我好像有所长进了。我突然被一个称作大自然有限公司的资深公司提醒了，它简短的说明让我注意我长期未偿还的巨额债务。

这用了专业的医生、护士，还有我长期遭受苦难的家庭卷入到资金运转中。按理来说，我已仔细避免从这些小的会谈中提及任何个人物品。在我还怀疑平静地离开这个世界是不是真的像我小时候被告知的那样可怕的时候，如果我不是被告知这样，我是不会说的。这是一封Art Young写的信，一个老守卫敬爱的人，这老人为了更人性化更合理的世界而服务于自由民。这些明智的男孩儿和女孩儿，是他们让我们懂得，只有艺术和我自己，是在被遗忘的过去中相当恼人的残骸，当所有渴望的孩子们还在对它们的发源地痴迷的时候。

当时的艺术，保佑他吧！（在那最特殊的时候他写信给了我，尽管他从不冒险），信件是这样说的：

我很抱歉你身患重病，但你还指望什么？指望某些人，现在谁会去在意身边发生了什么。如果他想生存下去，就应该有一颗坚韧的心、钢铁般的身体。你都不具备这些。你仅仅是个普通的人，所以你将要为此而付出代价。

他基本上是对的，他一如既往地在任何事情上有正确而且明智的判断，且他从来不曾提及。

但是，还是谢谢我的医生，我忠实的护士，还有耐心的家人，我要回到大众所认为的"正常"中去了。有人告诉我，如果我每天只工作12小时，在锡兰香料和咖喱的生意上利润别做那么大。我还被告知我继承了大象的体质，我可以合理地期望再多生活、工作20年，但我发现我自己面临一个问题：这20年我到底要怎么过？

我们过去的世界已经离我们远去了。我们新的世界———一个我们孩子将更多感受到像家的世界，因为我们从来不知道什么是不同的——这个新的世界没有什么能吸引我。同时我也极度好奇地想看看这个新世界将变成什么样子，新的人们将怎样组成这个世界。

现在，以何种方式或通过何种手段和方法，可以找到一个原则、一条折中的方案，这将让我在接下来20年的生活中变成这些不满和不愉快的公民中的一员，那些和如今的人们一样不满足于过去，牢骚和反对一切新事物，那些在使自己变成让与他们接触过的人讨厌的人和那些生活中，不可爱和不被爱的，是每个人的根源，而更多的则是他们自己的？

幸运的是，在我自己，像歌德那样经历了类似的世界突然改变齿轮的时代，我应该感谢我的母亲给我的幽默感和用童话故事娱乐自己的渴望。因此，我一直有一个喜爱我们幽默哲学家的感情。

有时，当我自己有几个星期空闲的时候，我将尝试和你谈谈那些幽默哲学家。我们的历史书籍很少提到他们，但他们为世界的欢乐比世界的严峻和哭泣付出了更多！笑，当一切都说过和做过，是人生中的最好的朋友。但我们怎样才可以，或者我们如何能够继续在一个已经完全丧失了幽默感的世界欢笑——那个慎重地使自己摆脱它的精神平衡的世界——在全世界人民认为他们和他们自己的问题如此严重以至于他们都几乎要杀掉任何不同意他们的人？

一个大订单，我给你，但不能没有一定的重要性，我问你一个问题，在我的听众中有没有一个是一次或多次在这过去的20年内不用被迫面对这些完全相同的问题，如何去生活，而不是对这个与我们年轻时移居到别的星球时完全改变世界而绝望？

以我们每天不得不开始的方式。我们有我们的咖啡，我们看到我们的报纸。那么，你能在其中找到任何不用绝望和沮丧的东西？你难道不觉得你几乎不敢打开你的晨报？你难道不经常问自己这样的问题：他们昨晚又在天堂的名字里做了什么？

上周，皮兰德娄来访。我们了解他创作的戏剧，并且很多人都很喜欢。我们认为他是一个有影响力的老人，他一直尽力使我们的世界变得更有智慧。但在我们长期受折磨的船舶新闻记者对他的一次采访中（天知道这些记者会不会看见或听到更为与其他群体"不协调"的采访），这个老自由党人士令人惊讶地大胆捍卫意大利对埃塞俄比亚的侵略，就像我们极力否认自己对印第安人的恶行一样。

但是我问你，现在还有美国人对侵略印第安人感到骄傲吗？至少我还没有找到。我们知道这些侵略已成事实，它们发生的原因是我们整个的意识形态——我们祖先在16世纪的全部观念——和现在是截然不同的。我们意识到这种可怕的事情是无法避免的，这是因为我们所处的社会被像科顿·马瑟（清教徒，出版神学作品来控制殖民地的思想意识）这样的人所主宰。像科顿·马瑟这样的人能在我们社会持续多久？他会被看作是个危险的极端疯子，并会被关入监狱。因为事情已经发生了改变。确实如此，而且改变是巨大的！至少，它们和我们一起改变。我们知道这些事情确实已发生，但我们却希望它们永远没发生过。

或者举另一个例子。我经常收到以前德国朋友的来信，试图解释德意志帝国对犹太人愚蠢的罪行，并说这种事情早在600年前就在别的国家发生过。的确如此！但那仅仅是在600年以前。难道没有更多的原因说明为什么这些罪行不应该在今天发生吗？当然，我可以取证史书，不过第一页就是一条条残酷、充满兽性的历史。这些历史用最简单的原因解释了为什么(《圣经》)亚拿尼亚（因私藏捐款、撒谎而暴毙者）会因为羞愧而脸红，并且辞去那个让他声名显赫的俱乐部的主席。

当然，我们可以说，就像很多文雅的法国男女在法国大革命之前说的那样，"嗯，是的，所有这些（被谴责的罪行）会比我们所用的时间长，当我们死去，让他们遭受(《圣经》)挪亚时代洪水的谴责吧！"或者我们可以高举白旗并说："文明正在崩离。让我们收拾残余商品，并把一切还给印第安人吧。"个人来讲，这样的话并不吸引我。我情愿面对事实并努力解决问题。

现在这严峻的形势完全是我们的错误，对于我们不愿承担的这些责任是政治家的失职，虽然我们不愿意但我们先接受这个事实，那么我们就成功了一半。然后，我们下定决心做我们想做的事，首先的问题是从来没有驾船漂流到港口，在没有地图和指南针的情况下，我们如何去走一条安全的航道呢？

　　这方面说得多了，但由于我以相对个人的语调进行这次谈话，请允许我也用相同的语调来结尾吧。当我们两个月前开始这次试验，没人会准确预测到结果。因为在这几百年时间里我们似乎在文化方面发展到了一个奇怪的点——历史上头一次，公众和艺术失去联系。公众不再是艺术不可缺少的、活跃并有个性化的一部分。群众耐心地坐在椅子上，高兴或悲伤地等待着被娱乐，并没有任何积极性地参与，无论是观众或是听者。这就像我们现代听众所表达的那样："嘿，我们付过钱了，对吗？让我们高兴点！"而这会对艺术家在社区中的地位产生灾难性的结果。

　　现在，艺术家已不认为他在世界的舞台上会产生多大的作用和影响，所以他或者选择在失望中放弃，或者转变成"好好先生"使得暴民高兴，并经常扮演小丑来自我满足。

22 7月28日

1723年的夏天，萨克森地区的莱比锡圣托马斯教堂支持的学校校务委员会决定选一名新校长，老校长已经拿到了薪酬，现在的人们试图说服汉堡的领导人乔治·菲利普·泰勒曼来填补空缺。

乔治·菲利普·泰勒曼是一个有名的音乐家，他活到86岁，当他死的时候，这个世界因他的40部歌剧、3000首合唱曲目、44首清唱剧和数以千计的短乐曲——从战争进行曲到舞曲和流行音乐而富有。被完全遗忘的有400首乐曲和70部喜剧，还有2000篇关于织女星的其他文学作品。富有创造力的西班牙剧作家对其贫困的罹难同僚描述的轻视，塞万提斯写过一本书《堂吉诃德》。

但泰勒曼教授没有来，他热爱汉堡城，而且汉堡人也热爱他。因此，圣托马斯学校的校务委员会决定推举"第二人选"以使他们满意，我说这个时用引号，因为那是他们用过的表达，他们提出约翰·塞巴斯蒂·巴赫适合这个空缺的职位，他是利奥波德公爵的皇家乐队指挥，他们听说了这个赞成的消息，尽管他总是沉溺于音乐创新。但相反的，与乐曲创作法则是一致的，就如在那个时期放弃最好的老师。约翰·塞巴斯蒂也很犹豫，他有一个很大的家庭，他的第一个妻子留给他7个孩子，使他成为一个鳏夫，其中一个孩子叫菲利普·伊曼纽尔，另一个叫作弗里德曼。自他们的先祖法

伊特·巴赫以来，孩子们遗传了这个奇怪家族的音乐天赋。法伊特·巴赫是一个面包师、磨坊主和一个齐特琴演奏者。顺便说一下，法伊特·巴赫在鲁道夫二世皇帝决定重新信仰天主教的时候放弃了匈牙利一个优秀职位而回到他的出生地图林根州找了一个相当简单的工作。法伊特·巴赫是马丁·路德热情的追随者，并且将天主教看成一个十分虔诚的宗教。

年轻的约翰·塞巴斯蒂近来与一位年轻迷人的歌唱家结婚了，他需要钱，莱比锡每年给他100美元或银圆。但是他犹豫是否放弃他的皇家乐队指挥称号，而仅仅去做一个唱诗班的领导人，最后要有100银圆去对私人授课的额外的钱胜于去做一个有希望的候选人。

巴赫全族搬到了莱比锡，只有族长留在那里，直到他1750年7月28日死去。

那时，又有13个巴赫家族的孩子追随了那7个稍大些的哥哥姐姐。其中，约翰·克里斯蒂安·巴赫后来搬到了伦敦并在那里居住了20年，成了当时最著名的音乐家。还有其他巴赫家族的孩子在乐队指挥、作曲或风琴弹奏方面享有声誉，不胜枚举。巴赫家族的事迹都记录在奥林匹克档案中。

当老塞巴斯蒂安·巴赫辞世后，人们对他的音乐关注不多以至于许多作品都丢失了。不幸的是，那些作品再也没有被找到。1850年7月28日，当巴赫协会准备出版大师的作品集时，他们才意识到至少需要50年才能将所有作品印刷出版。190部康塔塔，圣马太受难曲和圣约翰受难曲，12首弥撒曲，3部歌剧或是现在才称为歌剧的作品，7部钢琴协奏曲，原谱的小提琴曲，6部勃兰登堡协奏曲，2部小提琴协奏曲，3部钢琴协奏曲，二重三重钢琴协奏曲，6部法国组曲和6部英国组曲，52部创意曲，6首变奏曲，2首长笛和小提琴奏鸣曲，列不完的曲单，为何还要继续？每种形式、每种风格、每种情感、每种人类接触过的乐器及其组合都有所涉及，勃拉姆斯前辈有句著名的双关语——"这家伙是个流派？什么呀！他就是整个海洋！"说得太对啦！

如果用"好"这个词来形容他的艺术感，那么他的一切都太好了，因为一切都是那么自然而然的真实感受的流露。

经济学家们聪明的大脑设想出狡猾的治国之策，希望由此创造"太平盛世"，他们衡量了所有的物品，并寻求他们所需要的。巴赫的作品依旧流传了下来。他的和弦作品矗立在荒凉的历史之中，是我们安全的避难所，让我们无视发生的一切苦难，拒绝对未来绝望，努力从自己强加的任务中摆脱出来（这是人生的开始，也是结束），这个任务就是从掠夺性的动物变为体面的人类。

23 8月1日

1935年8月1日

皮埃尔·德·顾拜旦是一位伟大的法国人，他热爱他的同胞。他生活在那样的时代：被未来一代人视为现代时期的黄金年代。那时，机器是我们的辅助工具，成为我们满意的奴隶。而以前，发动机是我们的主人，而我们自己则是机器的奴隶。我们被迫要超时地工作，让这铁的暴君高兴，供应需要的饲料。那时，国家间平和协调，没有民族主义的概念。而你要在世界各地游走时，也不会有护照或签证的烦扰，只要你幸运地持有足够地能转换为任何形式钱币的信用证。无论哪里、无论何时，没有人会问你要怎么花钱。

总之，顾拜旦先生是一个世界公民，而不是像我们今天所有人的命运一样，属于某个低廉国家的人。他有一个想法：既然比起政治、经济、艺术和戏剧来，绝大多数人更加热爱体育，那为什么不将他们每4年汇集在一起，进行友好竞争呢？为什么不让他们决定谁会跳得最高、最远，扔铁饼最远，跑得更快呢？

因为有着强烈的兴趣，我想说说自己不同的观点。有关体育方面，不幸的是，我是已故的李鸿章的一位虔诚信徒。他是古代中国聪明的政治家。也许你还记得，他拒绝前往英国的德比，因为正如他所说的，过去五千年来中国人就已经知道有一匹马会跑得最快，而他们并不特别在意哪一匹会赢。

然而，对世界上的其他人来说，这似乎是极为重要的事情。

有一大部分的人，他们有时能拼写两个音节的单词，他们的智力程度相当于九岁的小孩儿。如果他们与同样境况的人击打，用力击中对方鼻子，使对方昏迷，或对方反过来也一样。那么，这样的事情就会引起我们极大的关注。

这样的事情，现在就已经在做了。我是引用了顾拜旦先生草拟的原版章程内容而已，他于1894年1月15日将章程寄往世界各个国家。我能记得这个日期，并不是因为我对体育特别感兴趣，而是因为这个日子刚好是我生日的第二天。这就是人的思维。我们也许会忘记雅典的卫城或集会所，但我们会记得雅典，在那里你会见到不可思议的美国烙饼，热腾腾的像美国布鲁克林区本地煎锅上刚出炉似的；罗马的通心粉使你会想起家乡的意大利餐馆。这份章程还寄给所有大型的运动协会。在章程里，这位受人尊崇的法国人建议："所有事情开展之前，我们应该保留体育运动的高贵和骑士品质，以与过去的体育运动相区别。这样，体育继续对今天的教育起着同样重要的作用，就像在古希腊体育令人称赞一样。但人性的弱点曾把奥林匹克运动员变为了领报酬的格斗士。而这两者是不协调的，我们必须选择其中一种准则。"

多么崇高的思想，多么虔诚的心愿哪！我又要稍稍离题说说格雷欣法则，这在我近期演说中已经详细讲解过。我很喜欢的这个话题已经引起了热烈的讨论。我认为不仅只是劣币驱走良币（对此，老格雷欣在4个多世纪前就已经这么认定了），而且艺术、音乐和体育也有同样的原理（拙劣的艺术会驱走优质的艺术，拙劣的音乐会驱走优美的音乐，拙劣的体育也会驱走卓越的体育）。我们总是要么守候着，要么防备着要发生的事情。优秀的男爵最希望格斗士成为比以往更伟大的英雄，忘却国家间的敌对和仇恨。这已成为体育领域的一种责任。我说的不对吗？

24 8月4日

1935年8月4日

今天这个时代，给我们最深刻印象的是正在发生的如此多的绝对野蛮的事情，由第五等级的人组成的大量野蛮人，在几年前就出现的悲剧故事"小鬼，在干什么"里的被人称作小鬼的那种人。奇妙的是，整个世界都已经突然陷于罪恶和野蛮的行径之中。这些行径要是在30年前几乎是不可思议的，即使在像我的祖国一般的和平国家里。

在我年轻时，我们都非常憎恶谋杀的念头，只是低声私语时谈论谋杀事件。谋杀事件的发生被认为是一个国家的耻辱。人们也许偶尔会发脾气、醉酒，或同时醉酒又发脾气，接着刺伤对方，之后又懊恼不已。但要夺去另一个人性命的想法，是绝不会有的。

欧洲的所有其他小国家几乎也是如此。今天，为什么在那些国家，有如此多的互相枪杀、互相谋杀行为，发生的比例高得连职业匪徒都要嫉妒。你一不喜欢你爱人结交的朋友，就会上去枪杀你妻子和她那绅士风度的朋友，或你丈夫和他那举止文雅的女性朋友；或者，你一不满意遗产分割的方式，就会枪杀那个得财的幸运儿；或者，你为了一位女士需要100美元，于是你折磨某位老妇人，据说她的小屋藏着一点钱。当你一无所获时，你掐死了她，就是因为在你需要钱的时候，她不应该没钱；等等。几乎每天我们的生活总有这样的肢体暴力现象突然发生。

参加过第一次世界大战的国家都把责任归咎于战争和暴力，这被教导为是最高的公民道德。我们相互要求："那些可怜的家伙经历过可怕的四年战争。你能期望他们什么呢？他们当然只会变得绝望，残酷无情。"

但那又不十分符合目前的形势，因为绝大多数更可怕的暴力行径都是男孩儿或女孩儿们干的。他们太年轻了，连战争都没有印象。我们的报纸上定期地满篇都是这些不幸的大规模屠杀和毒打，（这算毒打吗？）这些并不是那些在军队服役了四年的成年人干的，而是19、20岁的男孩儿们干的。我赶紧地说，这个信息是从十分中立、可靠的目击者那里得到的，而不只是从我们自己的记者那里得知的。尽管他们是世人所见过的最好的记者，他们在最糟糕的事情发生时能中立地保持公正的识别力。所有的目击者似乎都一致同意那只是事件的一个方面。让我们好奇的是，为什么这些孩子会这么暴力呢？

当然，这些年轻人生活在不同的国家政体下，他们的教育方式大多与国家政体有关。在我前面的一篇演说里，我给出了一个幸福的规则，它既能解释我们平凡的邻居的过去，也能解释伟大的历史人物的过去。

当一个人担当的角色在他自己眼里是最满意的，那他是幸福的。设法去找出那个角色是什么，那个激励人的内心深处的雄心是什么，那么你就会完全理解他了。当然，孩子们从他们孩提时就有他们想要成为的秘密角色，它往往是比他们的父母都更复杂、更有趣的角色。

现在，几乎每个小孩儿有拥有权力的想法，一旦使用权力，能超越他父母和玩伴。在古时候，当校长统治整个世界的时候，他致力于控制孩子的权力欲朝着理智对抗的和平方向发展。但现在，智力和知识分子并未受到很高的尊重，还有比知识更简捷的方式获得成功。一个手持左轮手枪的无赖比智慧的爱因斯坦更强大。现在是暴力类的思想在统治世界（因为所有伟大的军队领导人，如恺撒、拿破仑、亚历山大等根本上都有人性中暴力的特性）。现在统治着这个世界的匪徒们认为，让绝大多数孩子们梦想成真的一种简单、直接的方式就是让他们拥有枪支。因此，所有的由粗暴的、残忍的少数人统治的国家已经蓄意控制孩子们。他们刚刚长到能走路时，就要穿制服，玩玩具枪，随处可见与战争有关的标语。他们联合成一个训练有素的小匪徒帮，统领着其他可怜的孩子们。这些可怜的孩子们因为某种原因没有制服、没有枪、没有横笛和鼓乐队。

但那只是故事的一部分。还有另外更深远的理由，直指问题的根本所在。这里，我想指出根本的原因，至少是我认为的根本原因。

我的一些朋友在精神病治疗部门工作，他们能告诉我，我的想法是不是正确，但我确定我是对的。年青一代没有见过战争，但他们本身就是战争精神病直接确定的产物。他们绝大多数人正出生在硝烟四起的战争年代。为了去战斗，父亲久已离开家庭。即使回家探望，他也得两三天内就要回到战场。他的妻子因此营养不良，神经紧张得几乎要崩溃，如此不健康的身体状况生育出下一代。而当局者还高声说教着，为国家培育新一批的年轻人是他们应尽的责任。这些年轻人将代替在战场上必死无疑的他们的父辈。因此，这些年轻人在最不幸的、最不受欢迎的环境下出生了。我们应该感到惊讶，他们并没那么恶劣之极，因为他们没有别的生存机会。

同样的情况也真实地发生在每个欧洲国家。因为第一次世界大战的协约国像饿死他们的敌人一样，也残忍地饿死了这些中立的小国家的公民。而雪上加霜的是，当战争最终结束时，这些联盟权势仍继续实行封锁达一年多，正如他们继续一年多关押战俘一样。

我们有时想知道德国人为什么对很多事情会觉得如此痛苦。我们的内战称不上是战争，只是政治制度的变化，随之会有社会的不满，这种不满情绪在70年后会消失。第一次世界大战本身会被人遗忘，但人们不会忘记另外的不必要的封锁行为，那些战俘在法国监狱中继续受尽折磨。这另外的一年多远比实际的四年战争时间更加伤害人。

在四年有计划的忍饥挨饿后，农场主还是不可以播种，只能靠少量不健康的食物悲惨地生活。在战争的最后几个月和额外挨饿那几年，德国人刚好处于营养不良的状况时，农场主不可以饲养牲口。那时，在科隆的英国军队声称：他们会将他们自己的限量供给品提供给市民，直到伦敦政府解除封锁。但除了科隆外，这次封锁行为持续进行。现在我们已经遭受到这种目光短浅的蠢行的报应了。年青一代人变得残忍、精神软弱，似虐待狂般毁坏财物。他们将痛苦强加于他人，从中获得极大的满足。因为他们自己遭受过可怕的不公平生活，幼儿时期甚至还未出生时，他们就被剥夺了体面生活的

权利。面对不公平的命运，他们漫无目的地反击。

为此，评价所有这些不幸的事情时，我想我们应该极其宽容地试着去理解这一切是怎么发生的。这些年轻人没有别的生存机会，只能轻易成为那些胡言乱语的坏思想的牺牲品，被教唆去乱砍、殴打、谋杀和无能为力地狂怒。

25 8月8日

1935年8月8日

　　我们都知道最后一根稻草压垮骆驼的谚语。我们知道，人类能承受很多的身体重负，但随即人的身体也会垮掉。而人的思想呀，并不像人的身体那样确定、看得见。其实，我们很快明白：尽管人的思想是无形的、看不见的，但它与人的身体一样明确，因此，人的思想同样要服从支配身体状况的规则。现在，我们也开始意识到，人的思想非常像那骆驼，它能承受如此多的重负，但随即要么崩溃，要么止步不前。

　　适用于个人的情形，也适用于群体。一个国家，就像一个个人也能承受负担，但也会有要崩裂的时候。当重负不能承受时，就要崩裂，下一步就是进精神病区了。就整个国家来说，是没有精神病区可去的，因为谁来断言这个病人精神失常呢？即使在极其正常的情况下，要将一个有着种种精神错乱征兆的人送交精神病院，也是很困难的。当然，这也应该是非常困难的，因为这是相当可怕的一步，即使在最糟糕的环境下，也应该给病人采取每一道防范措施。因为没有严重的原由，他是不可能承认自己精神不正常的。因此，无论什么情况，都会有一群能说会道的医生。考虑到他本人和他的邻居们，这些事情我就不能详细地说。但还没有一个机构能将整个国家送进精神病院。在国际政治领域，我们似乎已经决定，决不会凌驾于邻国之上，成为邻国的管理者。我们也许绝对相信，这个国家防害

公众安宁，对各个国家都有危险，但"国家主权"是个很有分量的词，需要我们的尊重。因此，我们必须继续生活在还有许多精神错乱国家的世界上，但又得假装没有注意到，忽视差异，一切随遇而安。

然而，历史上有很多事例说明整个国家变得不正常，不再正常地思考和行动。我很乐意举例来说明。

例如，14世纪初期发生的著名的黑死病现象。根据最可靠的数据统计资料，该黑死病现象导致2500万人死亡。在许多国家，如英国，全国人口因此遭受2/3甚至1/2的毁灭。这种黑死病就像我们现代的淋巴腺鼠疫，并不是种好治的病，但现在这种病几乎已经被控制住了。而在14世纪，没有任何人了解黑死病。人们因黑死病或因对黑死病的恐惧而死亡。这种流行病盛行几年后，整个欧洲都疯狂了，人们笼罩在忧虑、恐惧和不安的心理阴影下，精神开始出现崩溃的迹象。

我曾提到过的十字军东征，在某种程度上是一次中世纪糟糕的耕种方法和人口过剩问题引起的经济运动，是群体情绪歇斯底里爆发的结果，最终引发了欧洲大部分地区名副其实的一场革命。

令人无比兴奋的改革运动和残酷的农民战争同时发生，导致群体精神错乱现象偶有爆发。你也许已经从"再洗礼派教徒"的奇异故事里了解到，他们过去常会脱去衣服，步行穿过街道，高声宣布世界末日即将来临。

　　但"再洗礼派教徒"精神失常的爆发，与17世纪的巫术——最严重的群体精神错乱——比起来算不了什么。试着想象一下，在17世纪上半期，伟大的宗教战争结束时整个欧洲的状况。德国的一些地方，在接近30年内已经被掠夺了30多次。欧洲中心区域的数个地区，活下来的少数人再次遭受同类相食的悲惨命运。最终导致另一次群体精神失常的爆发。这一次表现为追随女巫的形式，因为正如专家们所说的，你决不能预言疯狂的想法到底会盯上什么古怪的目标。而一旦这个想法控制了某些人，那其余的人也将会盲从了。

　　当然，相信女巫并不是新鲜的事。早期，人们就相信会巫术的人，他们有才智，会施魔法，比别人懂得更多，因此也令人畏惧。但现在，追随女巫就像是一场名副其实的流行病，一场波及整个欧洲的疾病，甚至还到达美洲海岸。正如我们还伤感地记得那段在马萨诸塞州发生的塞伦历史。在流行病按常规发展前，成千上万的无辜者，有男人、女人、小孩儿，甚至动物，却已经被他们的同胞处决了。他们的同胞精神错乱，出现被害妄想症了。

　　之后，出现了伟大的法国大革命和恐怖活动。害怕外来入侵引起的恐怖活动时期，对绝大多数人来说太长了。有虐待狂倾向的人兴奋得发狂，任凭自己沉溺于残忍的暴行中。如果我们自己没有感受过、亲眼目睹过类似的群体精神失常事件，这听起来真令人难以置信。一些疯狂的人与朋友们用餐娱乐时，往往会处死他们的受害者。其他疯狂的人在受害者被溺死、枪杀或斩首时，会举行一场舞会。

　　精神错乱现象传遍了社会的所有阶层。它开始于大革命早期，为了拥护路易国王，一帮感情用事的人组成大集会。在那里，贵族和高级官员们相互拥抱着哭泣、昏厥，渴望剥夺掉他们古老的特权，这的确是他们在这世间最后想做的事情了。当爱好和平的乡村牧师在公众集市场所用洗发剂洗头时，表明他们从献祭活动中摆脱出来了。那时，一切都结束了。

26 8月11日

1935年8月11日

今天，我来讲讲一个公共服务机构。

上个星期，我建议要废除奥林匹克运动会，因为奥林匹克运动会总会引起争吵和不满。我们要放弃所有危险的竞赛，像短跑、跳高、网球运动、雪橇滑行、台球等运动。取而代之的，应该是一种让所有现代欧洲国家满意的运动形式。我建议在不同种族间进行一场争吵冠军竞赛。写着献词的黄铜碎片将替换著名的月桂树荣誉花环。那个脾气最大、最爱吵架的家伙将获得这个黄铜碎片。

只需7天时间，这场竞赛就已分胜负了。我们就不需要那么麻烦地跑去柏林了，因为1935年，人们决定在柏林举行1936年的奥林匹克运动会。黄铜碎片也将带着我的赞美之词，前往未知的目的地。上帝不允许我将不幸的美国国家广播公司卷入更多的国际纠纷。因此，其余的问题就只能留给你们自己发挥想象了。

但考虑到一般的背景情况，整个事件是如此的荒谬和可笑。战争都是由有野心的政治家、谋杀犯和女人引起的。我们都知道这一点，并不感到惊讶。但《名利场》一书的编辑，危及两国之间的热情友好关系。这是极其愚蠢的行为，他必须为此接受心灵上完全的忏悔。假如一个远道而来的外行星代表团

对我说："我们是牧夫座星球的人，打算举行一场行星际的展览会。来自遥远的恒星和行星的代表们都已经聚集在一起。我们希望有你们这个小星球上的典型代表参加。他是你们这个人种中最和蔼、最有创造力的代表，体现了你们友好、乐于助人、乐观和体贴他人的精神。"在过去的时代里，这些个性就是一个绅士的标志。我会推荐一个候选人——弗兰克·克罗宁谢尔德，尽管我很不乐意他参加这次长途旅行。他将整装待发，前往那个行星之间的展览会。地球因此骄傲地自夸起来："呀，我也造就了至少一名完美的文明人哪。"

弗兰克·克罗宁谢尔德在所有美国人中，无意识、不情愿地引起了一场可怕的风暴，这的确是那些时期的笑话。但它无情地揭露出，自从这个世界屈从于狂热入迷的、固执己见的独裁者之后，我们就陷于悲哀的状态。

幽默，更确切地说是幽默感，是一个社会体系的润滑油。没有幽默感，没有乐意地给予、索取和微笑着宽容彼此的缺点，那么，就没有人会希望与邻里和平相处。

现在，在正常时期，这社会润滑油（幽默感）履行着它的职责，做着它该做的工作。只是少了点文雅，多了点易于理解。但在我们陷于民族主义暴徒的狂热时刻（过去两年，我们就是这样做的），我们的幽默感消失了，一切变得糟糕。就像我们开着一辆没有油的汽车要高速行驶，汽车就会出现故障。

你也许还记得，在第一次世界大战期间，我们的幽默感遭到了多么彻底的毁灭。另一种说法就是，我们已经失去了协调的感觉。事实上，我们将那些重印"山顶演说"的人送进监狱，断言"山顶演说"是完全反战的宣传运动，这是那些开始为正义而斗争的市民所无法容忍的。我记得，在同一历史时期，人们向特务机关告发那些支持德国的危险分子。我曾与一位绝对爱国的女士交谈，她指控那些德国人在战俘集中营里残忍地用天花细菌来折磨战俘，并以此为乐。我告诉这位女士，我们在美国也做了同样的事情，但我们是以"种痘"的方式。在我们绝大多数州，当父母拒绝给孩子们按时接种疫苗时，他们可能会被送进监狱。但这位女士确定，这两者之间还是有很大不同的，不管怎样，我有荷兰人的口音。因此，不能期望我会对最近一次野蛮的暴行有准确的感觉，我也应该被送往集中营了。

我的一个朋友对他的同伴说，当那位女士打算要尽全力唱好时，这真的是很残忍的事，我们这些可怜的勇敢的人身心备受折磨，没有任何矫正或逃跑的机会。但第二天早上，英勇的特务机构工作人员就开始调查这起令人愤慨的支持德国的宣传运动，等等。无限期地调查。

的确，如果我有两个小时的演说时间，而不是14分钟，我可能会没完没了地给你举出一系列完全缺乏幽默感的类似例子。这似乎是所有大范围的混乱都不可避免要发生的事情，现在它正动摇着我们可怜的星球。比如克里米亚战争，也许它是人类历史上发生的最无价值的屠杀，因为它没有解决任何问题，也没证明什么。很大程度上，它是拿破仑三世个人恶念的结果。他憎恨俄国沙皇，因为俄国沙皇对他要夺取法国国王宝座这一冒险行为没有什么好处。拿破仑三世坚持写信称呼他为陛下，而不是用一般的正式语"陛下，我的好兄弟"等。

　　不管他试图对俄罗斯帝国的独裁统治者造成多大的压力，写给巴黎的信还是继续称呼为陛下，而不是"陛下，我的好兄弟"。结果一场战争爆发了。这场战争既没给任何人带来名声，也没有带来收益，除了一位名叫弗洛伦斯·南丁格尔的单身女人外。她是一名桂冠诗人，曾以军事历史上最出名的战术错误作为高贵诗文的主题。从那时起，她的诗被某些人所利用，那些人认为对愚蠢命令的盲目和不理智的服从是人类最高尚的美德。如果这是事实，我会建议大家加入蚂蚁或蜜蜂的行列，此刻便放弃要建立所谓"全面福利的制度和为我们自己和子孙后代的自由而祝福"的所有努力。这可是我们共和国创始人十分尊崇的，他们还把这写进了国家宪法的前言部分。

　　但是，当人的精神因为他自己的民族主义野心的毒害而变得不可捉摸时，那我们就只能努力增强耐性和时刻保持警觉，免得我们自己也要失去幽默感了。就此我刚刚说过，它只是真实的协调感觉的另一种说法而已。它是有实际价值的，是不相关的。

　　这并不容易做到，正如一个世纪前歌德所注意到的，即使我们中间最优秀的人，在恶意的邻居们总是制造冲突的时候，也很难相安无事地生活着。但我们将它归功于我们自己的尊严感。的确，不管一个国家如何的强势，我们作为国人足以体面地生活着，为自己的尊严而骄傲。而这份自尊将是我们最精确的罗盘，在困难时期能指引我们行动的方向。随其余的人大声抱怨、哭泣吧，我们将继续微笑着面对生活。

27 8月15日

1935年8月15日

明天，是历史上非常重要的一天。1858年8月16日，英国和美国的统治者通过横跨大西洋的电缆，互相友善地交换信息。

80年前，第一条电缆在英法两国之间铺设。不久之后，整个地球表面都填满了电缆。我们的世界变成了一个广阔的郊区。任何事件发生后的瞬间，人们就能知道其他人都在做什么。

不同国家的统治者总是以此方式相互联系，传递第一手的信息、交流科学研究的最新成果。因此，国家间保持着热情友好的关系，人类充满了和平和友善的感觉。要了解详情，请参阅过去80年的历史书。

那个时期，绝对没有那么多的战争，人们多乐意和平相处，彼此友好祝福。而我们也就在每年敬爱的圣诞颂歌歌手们欢唱着伯利恒（耶稣诞生地）的故事时，才感受到友善的快乐。我指的伯利恒是巴勒斯坦的伯利恒，而不是美国宾夕法尼亚州的伯利恒。在那里，他们每次都会声称有额外的收获，第一次圣诞节的原始信息有差错。

我不想自己沉溺于讽刺之中。这太容易了。但人们总想知道，威名远播的现代发展是否真的如我们有资格所期待的那样

实现了。在那些欢快的年代里，科学成为人类的朋友，人们从早期历史阶段的毫无价值的驮畜似的工作中解放出来。

　　我不知道我的读者中是否有对研究电报等急件会自娱自乐的（如果我可以称那为娱乐的话）。这些电报等急件的出现，早于第一次世界大战。它们传递的速度极快。彼得堡（现在的列宁格勒）的外交部长还来不及给他在柏林的同事回信："你2∶16发的电报已经收悉"，他已经收到另一份电报了，注明发报地点和时间为"柏林，2∶17"。最后，这些电报完全混同在一起，分不清彼此，像缠绕在一起的麻线球落入了几只精力旺盛的小猫爪中。有时我还对此印象深刻，那些电报信息最终的杂乱对于那些低劣智力的人来说的确太难了，因此委托俄罗斯和奥地利的外交事务部门管理，他们的大使阁下最后孤注一掷，高呼："哦，让我们宣布战争，处理这些杂乱的事情吧！"

　　不要指责我把这些事件看得太轻巧。奥地利的外交部长才粗心呢，他将塞尔维亚政府对奥地利人最后通牒的回信忘在了口袋里。这封回信毕竟是战争的直接原因。当时他去看赛马，等第二天上午在口袋里发现它的时候，他不得不加紧回复。

　　在1780年，这也许不是非常重要的事情。也就是派人每九天换一匹快马，把回信送去贝尔格莱德。她的陛下马利亚也许有个婴孩了。随着洗礼的欢庆举行，等最新的塞尔维亚回信时，几个月都已经过去了。

同时，帝国和女王的使徒为了表示对全权大使和塞尔维亚克罗地亚与斯洛文尼亚的陛下的特别使节表示敬意，举行了盛宴。这两人与皇太子约瑟夫开始猎杀361只鹿、4592只山鹑、6843只鸟和小猎物。当然，你吃喝好后，你也已经在这么欢快的环境下杀死了那么多的小动物。你没有参加战争，任何事情好像以最和平的方式解决了，因为没有直接的通信工具激起怨恨的轻率爆发。自从赛勒斯·菲尔德为大西洋海底电信事业作出贡献以后，这已经成为议事日程。

所有发明家也一样。他们为了人类的最大幸福而努力，但同时也给人类带来了最悲惨的祸害。

当然，最早期的化学家们只是考虑到要肥田，带来和平和富庶，他们不可能预见到在泥浆状土地上挖掘气体地窖。我的故乡正发生这样的事情。莱特兄弟，最和蔼可亲的人，几乎不会预感到小鹰号军舰利用空气的实验会造成大规模的破坏，等等。

我们也许把人天生的友好和渴望美好太过于想当然了。我们总是忘记了，剃须刀也许用于男人刮胡须（这是极好的事情），但也会被用于割破某人的喉咙，对受害者来说这是非常不幸的。幸好，我们完全理解和接受这个不幸的事实之后，对驰名的发明也更加小心了。

对于每个小发明来说，它一出现，就显示不会有错的迹象，只是作法自毙者这位父亲的另一个孩子罢了，准备像他父亲一样毁灭这个给他生命的人。

的确，在我们的化学实验室和物理实验室入口处贴着下面的警告，也许是个好主意：记得作法自毙者，他已经跑到这里来了。

很多时代，画家们都陷于贫困的窘境，需要等候领救济食品。有个主意可能对他们有帮助，我们可以雇佣他们，他们也能赚到钱。就是让他们在华盛顿的商务部专利局门口画这个传奇故事：记得作法自毙者，免得自取灭亡。

如果你想要和平，你可能会有和平。但你只停留在想要和平的情景下，那你就永远不会拥有和平。你只有乐意面对残酷无情的事实时，才能拥有和平。首先要理解这句话："人类是食肉动物，不断地寻找着增强自身破坏力的各种方法和手段。"

1935年8月18日

有时，一些年轻人问我，我在他们这个年龄的时候，我会做什么来自娱自乐。的确，我们没有电影，没有收音机，也没有纵横拼字谜。我们没有无止尽的繁杂喧哗和文娱节目，这些都使现今的人们时刻承受着，几乎厌倦凡俗，像蜗牛背负着自己那小小的家。

但我记得我们没有那么多无聊的时候。我们有我们的游戏，无害的游戏，但我们很充实、很快乐。说书人的艺术还没有成为另一个遗失的艺术，它已经为许多印刷油墨和糨糊所吸收。我们也有我们的音乐。尽管今天有唱片了，这种音乐也不是什么好音乐，但我们还是在自我演奏中找到了乐趣。最后，我们还有一些古老的地图册，藏在家具里，没人知道这有多古老了。我们只有在洗净双手，庄严承诺我们在注视那些山脉江河时，不会吃任何饼干弄脏它时，家人才会允许我们看。我们内心满怀好奇，仔细检查地图册上这些奇怪的两栖动物，过后同样的这些动物在我们的梦境中狂野地跳跃着。

那些地图册真的很精彩。它们还在那里，引起很多访客的注意。访客看到庄严的羊皮纸封面，就对我说："那些东西一定值不少的钱哪。"我想，这的确是事实，这些地图册在过去200年里已经价值递增。但我很少告诉那些询问的朋友，在我童年时期，这些地图册对我是多么的重要。对我来说，它们就像戏院和电影院，辉煌地吸引着我，充分发挥我的想象力。如果我的一生绝大多数时候都是幸福地在研究、创作历史、设法再

次捕获过去的心灵，我想这得很大程度上要归功于这些古老的地图册。我很高兴地说，我一直保留看地图的习惯。当其他人看杂志时，我还是要看地图。

上周就发生这样的事情。当时我在等家人下楼用餐，于是，我无所事事地拿起一本地图册，随意地打开看。这是非洲地图。

我刚好对那个地图很熟悉，已经亲眼看过很多地方，它对减缓我的古老旅程相当有乐趣。但突然，非常突然地，我的脑海出现了某些事情。我又看了看地图，发现以前从来没有想到的事情。地图显示，不久的将来在埃塞俄比亚预期要发生的事情。

我许诺过不再重提这个伤心的话题，但我还是要请你们原谅。那地图突然让我明白了这个让人兴奋的消息，也许一直以来我所说的都错了。当然，地图也可能有假，我希望如此。但如果是真的，那么，埃塞俄比亚的经历就绝不会是如此的逻辑结局。当然，这个结局就是意大利人必然会征服埃塞俄比亚人。

在这些事情发生很久以前，如果那个地图是对的，英国将参加这场游戏，逼迫意大利不要完全占领埃塞俄比亚。简言之，在六个星期前，英国会在红海区域举起一个"滚开"的标记，而意大利则会发现自己处于非常难受的窘境。

现在，为了更清晰地明白道理，我希望你按照我所说的下面的步骤来做。伸手拿一张报纸、一本书、一张纸或任何正方形的东西。如果你有的话，再拿个小本子。

接着，请你把书或报纸放在你面前，就像你平时拿着一本书或一张纸那样。

之后，请拿出一根铅笔或钢笔，或雪茄，或者任何细长的东西。还有剪刀，或裁纸刀，或者带点乡土特色的意大利面条。把细长的东西放在书或报纸上，与书或纸的右侧边沿平行放置，大约离右侧边沿一英寸半的距离，上下画出一条线。那条线表示英国在非洲的领地。如果你一会还继续，我会列举说明。

我们从位于南非联盟最近的地方开始，然后继续向上前行，我们到达罗得西亚和英国人管辖的坦噶尼喀（非洲东部，原德国殖民地），接着是乌干达和肯尼亚殖民地（大约在线的中间位置）。之后，到了埃及管辖的苏丹和埃及。这两个国家名义上独立，实际上却像加拿大和澳大利亚是大英帝国的殖民地。那条线，从非洲的最南端画到最北岸，用红颜色标出。它属于英国，在很长时间内都继续为英国所有。

现在，请拿出另外一根铅笔或钢笔，或香烟，把它横放在书或纸的上面，与书或纸的上边沿平行，大约离上边沿靠下一英寸半的距离。从书或纸的左边开始，画一条线，到离右边的另一条代表英国领地的上下线约一英寸的距离时停下。这条线就是法国在非洲的影响线，因为法国试图学习英国，想建立法国殖民帝国。它也应该是从非洲的一端延伸到另一端。既然这样，应该是从西部到东部，开始于西部的摩洛哥和阿尔及利亚，覆盖整个塞内加尔和毛里塔尼亚以及撒哈拉沙漠，在红海和印度洋之间的法国索马里兰地区结束。

但是，法国的如意算盘并没有得逞，最终，法国在1898年到达苏丹的白尼罗河（在塞内加尔和印度洋上法国索马里兰的吉布提之间的一条直线，塞内加尔是法国在大西洋的殖民地；吉布提更确切地说是在亚丁湾）时，他们遇见了一位叫基奇纳的绅士，他带领着整个大英帝国的武力——有不可战胜的陆军、海军、扫雷舰和拖网渔船，有苏格兰高地地区人、低地地区人、新西兰人、澳洲人等。而可怜的法国人在毫无悬念的谈判中只能打道回府。因为英国人绝不会容忍另一帮势力穿越他们自己的领地，从海角延伸至开罗。

1935年8月22日

仅仅为了争辩的目的，我们假定你得到邀请去参加一场欢乐的小型鸡尾酒会，酒会在一个美好的家庭里举行，聚集了很多有教养的朋友们。假定主人见到你时开始问候，说非常高兴见到你，之后就问你："现在你想喝点什么呢？一杯碳酸饮料，还是一杯美味的硫酸盐和二氯化汞混合的鸡尾酒呢？"

你可能会回答："非常感谢，但如果对你无所谓的话，我想来一杯老式的或布朗克斯鸡尾酒，或者一杯淡水。"

但是，再次出于争辩的目的，假定主人坚持说："哦，不！我们让你来选择，但必须要么选碳酸饮料，要么选硫酸盐和二氯化汞混合的鸡尾酒。"

这时，你也许会说："非常感谢，但我很抱歉，我现在要走了。再见！"于是，你匆匆地离开，想着从你上次见到你的朋友们以后他们的情形，想知道这是否是你的责任？

唉，很遗憾，现在这样的事情我们绝大多数人好像都经历过，不只一次，而是每天24小时都会发生几次。认真的市民们紧锁眉头，非常重视地把我们叫到一边，声音中带着伤感的哽咽，低声耳语道："当然，现在这与我们无关。但作为朋友，我们想告诉你们，人们开始想知道，非常认真地想

知道你们到底支持哪一边？当然，你们是自由人，我们并不想影响你们，但我们只是想问问，就人对人来说，你们想拥护共产主义还是法西斯主义？"

而当我说："非常感谢，不过如果对你们无所谓的话，我想来一杯牛奶。"他们严肃地摇摇头，回答道："那正是你们这类知识分子的麻烦哪！你们没人愿意坦诚地正视任何重大的问题。但我们告诉你，那一天会来的，那一天肯定会到来的，等到你们必须要在共产主义和法西斯主义之间做个选择的时候，那就晚啦！"

记得所有的医生总会告诉我，考虑到我目前脆弱的身体状况，我一定不要生气、恼火，要设法经常保持微笑。但我想建议，特此建议，也许还有第三种选择，或者在一定程度上还有许许多多的其他选择。比如，我也许宁愿坚持民主制，或者其他任何制度，只要这种制度允许我保留自己健全的心理、社交、精神和完美的独立。这些比起其他任何财产来，是我更加珍惜的东西。但他们会说，不，不，不！一千次不！那不可能！于是，我不得不立即做个选择！我将选择共产主义或法西斯主义，请立刻告诉他们我的决定吧！

当然，我意识到，把生命看得如我这般的人们并不是第一次发现自己面临这个特殊的难题。每一次重大的危急关头来临之前，总会有这样的历史时刻："你想要点什么呢？一杯碳酸饮料，还是一杯混合鸡尾酒呢？"

生活于16世纪早期的人们必须在改革和教派间做个选择，像现在这样，据推测一直都是这样。很少有人会说："为什么要我们在两个极端中选择呢，没有任何一个是我们感兴趣的呀？为什么不保留古老的教派呢？为了使这教派免遭彻底的毁灭，可以进行某些改变哪。为什么非得要我们面对两个极端，而这两者似乎没有任何必要，也没有任何让人满意的。"为什么，那些不幸的人发现他们自己处于不自在的境况，正如今天的我们一样。当我们为生命而拼搏时，我们明白这两者之间的任何选择都不会带来哪怕最微不足道的改善。

我知道，我的那些极右和极左的邻居都非常厌恶这种非此即彼的观点。就像友善的主人在我面前摆放碳酸饮料和混合着二氯化汞的鸡尾酒，让我愉悦地选一杯。我也知道在过去三年里，他们突然提供这样的两难选择，使很多头脑简单的市民困惑不已，并说如果不立即作出决定，他们就是胆小鬼、傻子、可笑的反动分子，他们现在好像是受迷惑了，但最终的胜利是属于他们的。现在，每个人都忙于下决心是否要支持法西斯主义或共产主义。

我认识到这一点，但我怀疑他们犯了个很大的错误。我觉得，有数百万的美国人会不做任何选择，他们不明白为什么要主动放弃个人权利，这些权利是人类有史以来最美好的东西，仅仅为某个阶层的人制造一个古罗马人或古俄罗斯人或柏林人的假期，这些人迄今只为某些伟大的光荣的预言家们的菜肴做点贡献，他们的烹饪知识也不过是依据三四千年前的食谱煮煮鸡蛋或做点发酸的面包而已。

新的宗教制度的传教士也认识到，他们这类人在很短的时间内总会发现这样的事实：头脑简单的市民总对不悦之色和讥笑表情深深铭记在心。看看今天伟大英雄们的画像吧！所有那些激励人心的救世主的脸上都是一副讥讽的表情，时而皱眉，但最重要的是讥讽的表情。这种讥讽表示对所有那些沉默者的难以形容的轻蔑，那些沉默者完全可以直言他们对即将到来的黄金时期某些详述的怀疑。

因此，他们将以极其高傲的神情讥笑这些言论："听听这愚蠢的反动分子吧，他待在无线电广播的城市里，平静地坐在他的安全小屋内，不能做什么决定，也不干任何事。"

然而，在这里，我又恐怕他们完全想错了。我们这些1935年时代的大部分美国人，都不想要碳酸饮料或混合着二氯化汞的鸡尾酒，只想要一杯产自家养的母牛的普通牛奶而已。如果必要，我们甚至可以为之战斗。也许我们有世界上最好的母牛。如果我们想让它活下来，我们肯定要使它变得更好，但它恰是给我们带来最美味的牛奶的母牛。

30 8月25日

1935年8月25日

像绝大多数爱看报纸的人一样，我有个极爱买报纸的习惯。体面的市民每天会买两份报纸，一份是在早上，当他们把猫遛出去，把牛奶拿进来时，便从门外捡起送来的报纸；另一份是在下班回家的路上买的，之后他们向家人介绍报纸内容，也让妈妈和孩子们了解我们这个伟大的世界所发生的事情。但爱看报纸的人有种盗窃报纸的癖好，除非他们为他们的抢占行为付出了代价。

因此，他们一生中满口袋都塞着报纸，对人类行为有着几乎恒久不变的看法，像结婚、离婚、死亡、出生、通过法律、制造战争和执行所有百万个任务一样，这些都被看成是人差不多要经历的事情。

比方说，人类每一个半小时的沉思就是一次接近真理的经历。

法国的《费加罗》报纸过去非常善于收集好文章，直到它为一个法国老手所利用，变成为一份现代时新的新闻报纸，真不值得花费纸张印刷出版（相信我，法国的纸张既便宜又差劲）。老《费加罗》借用了博马舍先生作品"美国独立战争中的秘密金融家"里的一句话，在这作品中机智的同姓名者"费加罗"谈论到，由于恐惧，他嘲笑人类，否则他就会哭泣。

当然，这与我们一般认同的人生观恰恰相反。我们总坚信，只要有良好的时机，每个人都有可能成为本杰明·富兰克林、爱因斯坦或亚伯拉罕·林肯。

历史学家总是带着令人讨厌的怀疑眼神，糟蹋了我们随和的乐观主义。历史学家总会质疑著名的美国宗教信条第一章的内容。

的确，过去五千年的历史沉淀证明，历史学家是对的。当然，我们一些人更有进步。我的一些同事争论，在我们这个星球上居住的所有人中，真正能通过推理得出结论和凭自身智力形成独立观点的人不到3%。而且，他们断言，这个比例从不会改变，过去四五万年前就有像现在这样的比例，很有可能在未来的四五万年里也是如此。那些令人失望的先知大胆地宣称：我们对受启发的人性所举行的任何乐观的欢庆都是如此的荒谬和空谈（我相信我们英国朋友们会称之为"胡话"），他们绝不应该被提及，除非在我们少数高雅的女子大学的毕业典礼上和国际组织联盟的董事会上。

就个人而言，我目前还不是一个性情和悦的人。我相信，如果我们所有的学校和其他高等教育机构在以后的2000年里加倍努力，实际上我们也许会提高人类中独立和逻辑思考的人的比例，可能从3%升到5%或比5%还多。正如这个世界是由人类中不到1%的人或有可能增加到2%的人所操纵的一样，他们通过明智的判断，扮演着主人的角色，得到肯定的收获。同时，我们将尽我们最大的努力缓慢地前进。我曾多次向你们谈到开国者，我极其尊敬的人。他们是人类中最聪明的人，曾开创了他们自己新的共和国，这些普通智力水平的同胞们意识到谈论偶尔听到的言论是非常不可取的。他们偶然发现一种聪明的手段，谄媚讨好其余的97%的人，让他们顺从，赞扬他们真的是非常好的同伴，在心理、道德和社交方面都是最健全的人。因此，让他们自我感觉良好，为此而骄傲，并建立起一种统治的形式，将事态的发展完全控制在这些更聪明的少数人手中，而那些大多数人（对他们来说，无论哪时，他们始终被认为是暴徒或粗野凶残的人）则绝不能注意也不能怀疑他们正在发生的事实真相。

我现在要谈谈美国新奥尔良的显赫而光荣的英雄，勇敢的老安德鲁·杰克逊。他建立了一个完全平等、正义的政治制度，在他执政的头10个月内，他10次罢免了许多政府官员，正如在先前的40年统治时期内，其他6位总统罢免政府官员那样多。那发生在100年以前，1837年，杰克逊离开了白宫。之后，整个世界都仍然怀着极大的希望，期待着伟大的民主制度。

现在是1935年，那我们现在又是怎样的感受呢？

上星期，我表示有点不喜欢我的一些邻居，他们总是设法要促使我付诸实施，因为（如他们告诉我的）我得在共产主义和法西斯主义之间做个选择，而且要马上作出我的选择。我说我既不想选法西斯主义，也不想选共产主义，我更喜欢以美国人的方式有另外其他更多的选择，实际上就是源于美国本土的某些东西，比来自柏林、罗马、莫斯科和北平的那些外来品更值得关注的个人主义的需求。从那以后，我很难过地说，我遭受了相当无情的打击。

事情就是这样发生的。我坐的火车离出发还有一个小时的充裕时间，我便去看新闻短片。这些新闻短片全部都是有教育意义的。影片审查员自豪地指出，不允许单身女子的腿或肩膀出现在银幕上，我们看到的都是一些摔跤比赛节目。但五秒钟过后，银幕出现了一场拷问的公开示范表演，这一绝妙上演使得那些极具虐待天性的观众也开始投入其中。说得委婉些，这是我注意到的人类最野蛮的残酷行为。在报纸发挥作用30年后的今天这样特殊的时代，人们都见过相当多的事情了。

观众准时地欣赏着。当一个参加者极其痛苦地在垫子上翻腾时，小孩们兴奋地站立起来，美丽的女人们快乐地笑出声来。一个回合结束后是欢乐的喝彩。独立自主的选举人钱花得值了。

之后，出现美国总统签署《安全法案》的画面。这个法案也许是自亚伯拉罕·林肯签署《解放宣言》那天以来立法机关最有意义的内容。观众开始打哈欠，表示出对法案签署的厌烦乏味和漠不关心。他们转而讨论刚看过的影片中精彩之处，相当不适宜地与最近的警匪影片（伪装成美国联邦调查局人员的故事）作比较。在这警匪影片中，英雄的脚被火烧了，指甲被拔出，一切都是为了亲爱的孩子们和他们的父母亲的利益，而他们现在正统治着我们。

当总统遭到无情的沉默时，我们看了一眼军队，他们为我们辽阔的边界准备着某种防卫，但那有点多。每个人都睡着了，直到屏幕上的拳击镜头重新出现，一方开始连续在对方脸部击打时，人们又苏醒过来。这时，我也该去赶我的火车了。我很遗憾地说，在我回家的路上，我到了城里时，我从来没有像现在这样对未来产生疑虑。我仍然不喜欢法西斯主义和共产主义。我也仍然寄希望于开明的民主制度，这是唯一能将我们从这两个令人不快的极端中挽救出来的制度。

一种开明的民主制度将人们从这些令人不快的极端中挽救出来。但我又想到，他们值得挽救吗？

31 8月29日

1935年8月29日

上个星期，我听说了一个国内最优秀的人参加新政遗骸的庄严葬礼。按照这个演说者的看法，新政很久以前就已经过时了，现在应该体面地埋葬。

如果这个话题是别人说的，也许就无关紧要了。纸是人们知道的所有物质材料中最有韧性的东西，这个事实在至少4000年前就广为人知了。自从腓尼基国比布鲁斯城镇上的人发现了将无用的纸莎草制成正规的书写材料后，我们创作了有关坚忍而自鸣得意的普通纸张的谚语。现在，我们开始意识到，空中广播正如纸张一样，纵容了人类的弱点和愚蠢。在极短的时间内，我们绝大多数人学会了接受空中点播的有点盐味的菜肴。

但当新政被最合乎逻辑和最井然有序的聪明人所解散的时候，有人可能会说怎么会那样，或带有那个意思的话。

我想谈及一个名字，但我最好还是算了吧。因为这是个伤感的事情，我们的著作协会绝不可能对我们的任何一个同事表达赞赏之词的。

我想起来了，过去几年里这是个奇妙的发展，对我们这些与周围人没有什么区别的人来说是非常不公平的。食品杂货商、管子工或烛台制造商会对茫茫人世的其他同行说着各种美好的想法，没人会认为自己是更差的了。的确，如果有人告诉我美国商业界的情况，对保持美国商业平稳运转的人来说是个值得骄傲的事情，他们决不会对竞争对手说任何不利的话。但那时我应该公开表态，某个乱涂胡写的著作协会的特定成员有着最清晰和最有价值的智慧，现在承担着开导民意的艰巨任务。我忙于应付这些文学作品，这些作品告诉我，我最好回归到阿尔冈昆人的圆桌会议，在那里，所有的人整天坐在一起，吃午饭、喝啤酒，总是说着我们有多好。

事实上，我相信很久以前那个圆桌已经被切割为引火的木头了，而且，我自己是绝不会坐在那里的，我更偏爱方桌。至于我的绝大多数的同事，我也许一年才见到他们一次，如碰巧我们在等同一辆公交车，相互严肃地问候着诸如今天天气很好或不怎么样的话，根据情况而定。

因此，我不会泄露这个几乎在嘴边的名字的。但我会重复我刚刚说过的话。我曾收听广播节目了解到一个最优秀的人才，我有点惊奇地发现这个特殊的时事评论员正在为新政挖掘一个又深又暗的坟墓，并因此告诉美国总统和平民，时间渐渐忘记了新政也曾存在过，时间回溯至近似记忆的巨大的社会和经济大动荡前的快乐的、自由自在的时期。那时，商业发展，经济繁荣，我们过着快乐的、养尊处优的生活。

现在，我是个不太好的经济学家，在我简单的生活方式里新政也并未寓意深刻，但我还是想提点建议：我们的新政曾全部消失的历史现象是否有可能发生呢？

我怀疑，我非常地怀疑。

　　当然，像所有其他人类思想的确定情感一样，新政也有其发展和衰落的规律，这是自然的最绝妙的安排之一。设法想象一个世界，那里所有人类行为的实验都允许永远存在。我们的星球将不再为单独的一种新思想提供容身之地，因为历史真的只不过是记录新旧政治斗争而已。人类屡屡遭遇纠结的唯一解决办法就是一种新政。著名的《汉谟拉比法典》是我们有明确记载以来的最古老的新政，这些法律规则只是巴比伦尼亚人的一种新政。原文记载于土砖上，埋于美索不达米亚的沙土底下已经4000多年，因为汉谟拉比是与亚伯拉罕同时代的人。但这些法律规则本身却继续影响着我们的生活。摩西生活在伟大的巴比伦王国之后的7个世纪，他大量地借用了183个原始法律规则，它代表了基督诞生前22世纪的巴比伦新政。

　　我们所有的人并不总是严格地遵循《十诫》，这是真的。但我们肯定同意（至少理论上是），《十诫》表达了每天人类行为的最好的规则。因此，我们这些1935年新政的人，直接受到基督诞生前21世纪的巴比伦新政的影响。归纳起来看，这些巴比伦新政演进为我们现时代起源前的14世纪或15世纪的希伯来新政和基督教的新政。

　　我几乎能无限期地继续罗列名单。以我们自己的宪法为例，它恰恰就是新大陆移民不满情绪的一种新政。但我们的宪法依次反映出某些比起草者更加古老的思想。几乎200年前，荷兰人庄严地发誓放弃他们的法定主权——西班牙的菲力普二世国王。他们以文献记载了这一事件，那文献读起来就像我们的《独立宣言》序文一样。这两个文献的具体细节是完全不同的，但这些著名的国家文献内在的总体思想还是存在一定的关联。他们的统治者"像个优秀的牧羊人，精心地照料着畜群"，正如荷兰人一样（当然，大量地借用基督教的《圣经·旧约全书》）。在这两个新政中，那些总体思想是一致的。这个发誓放弃菲力普二世国王的法令也是基于许多小规模的当地政治革新，依靠这种新政，中世纪的人们设法摆脱封建制度的某些严酷措施。

英国《大宪章》，是一种只为社会某个阶层的新政。这是事实，然而它并不是一种新政。在法国，这些理想最终具体化为新颖的自由、博爱和平等的教条，与1776年的坚持法律面前人人生而平等的美国新政有着同样的作用。

不要怕我会以学术专题论文的方式来谈论老的、新的政治革新问题，让你厌烦。但我在告别前想说的是：

人类发现自身不停地在困难和矛盾的混乱中挣扎着，除了彻底的政治改组和旧牌重整，没有其他的补救办法。因此，游戏如以往一般地继续，但绝不会，这是故事的有趣部分，绝不会与以往雷同。始终不变的是，新规则的某些东西将影响玩家们的行为。没过多久，他们就会犯错，需要另一种新政，但他们至少会避免过去的一些老毛病。而那本身就是一次很大的收获。

你还记得过去殃及古埃及的那些洪水吧，洪水使那个国家成为最早期的文明中心。洪水本身并不十分重要。只是那时的泥浆水阻碍了正常的商业贸易航线。但当洪水退去，留下一层厚厚的沃土，在这层新沃土之外混杂着旧土，新的收成又出现了。

就是那样的方式，法老建造金字塔，使那时失业的人有事可忙。现在，也是那样的方式，我们自己的法老建造道路和水库，使他自己有事可忙。

因此，新政是历史上最古老的一种交易。我们最好不要埋葬它。因为只要条件具备，它必然会回到我们中间。

32 9月1日

1935年9月1日

　　任何参考书将会告诉你，我们伟大的公元1935年是犹太人年表的5695年，第677届希腊奥林匹克运动会的第三年，也是日本年表的2595年，是穆斯林年表的1353年至1354年间，是美国独立日的第160年，也是自古罗马创建以来的第2688年。但当我们归纳考虑具体的事实时，没人真的知道古罗马是哪个时候建立的。我们简单地就承认了古罗马历史学家所说的话，但即使他们也对古罗马到底是创建于753年还是751年有着不同的看法，没有达成一致意见。唯一我们可以确定的事情是这两个时期都是错误的。至于犹太人年表，则是完全不可信的。而日本年表则要回溯到真正属于精灵王国故事的时代了。我们知道穆斯林开始他们自己年表的时间，但如果你想要发现穆斯林历史上任何特定事件的准确日期（像绝大多数其他种族一样，穆斯林并不像我们从1月1日开始计算一年的时间），如果你想要根据我们自己的罗马教皇格利高里或新式样的历法来重新确定那个特定的日期，那么，你要所做的就是将穆罕默德从麦加逃离的那年乘以970.224，将计算结果去掉6位小数，并加上621.5774，你计算出的结果就代表基督教时代的相应年份。我只是告诉你我自己从书上看过的计算方法，我从没有尝试计算过这个总数以发现它是否正确。我甚至都不能管理好我的银行账本，只会将穆斯林——基督教年表用6位数字和一些难以理解的小数来表示。但似乎岁月就是以这样的方式进行着，人们也许称之为正式的历史轮回。如果我提及这只是出于某种数学上的好奇，那么，我只能说我们要设法查明汉谟拉比或摩西这些人生活的年代的话，将有很大的困难。

根据目前有关此话题的最可靠资料，也许明天早上这些信息都得完全改变，著名的巴比伦法律创设者一定生活在耶稣基督诞生前的（公元前）22世纪和21世纪之间，摩西们一定就生活在我们自己的年代起始前的1625年和1320年之间。但根据最新的发现，耶稣基督实际上出生于我们自己年表的正式起始前4年。这并不会使事情变得更简单，但显而易见，我们已经心照不宣地承认忽视这个事实，而且也没有造成什么大的伤害。

然而，这个问题几乎没有影响普通市民的生活。他不需要操心这些毫无价值的事情。对他来说，只要能记住他自己的结婚纪念日或者他的个人收入应缴税款日期就足够了。直到我们的历法再次毫无希望地失去了控制（这曾经发生在16世纪初期），我们将可能不受任何重大的年表次序变化的影响。但在短期内也许会发生一些奇怪的事情，因为在刚刚过去的岁月里已经发生这样的事情。

例如，与乔治·华盛顿同时代的法国人已经生活了很多年，他们和古老的基督年表没有任何关系。他们已经摆脱毫无价值的过去的所有遗俗，他们决定将开明的新时代开始于1792年的9月22日。事实上，他们坚持了一两年后，直到1797年拿破仑结束了这个谬论。但谁能告诉我们，新的德国某天不会做同样的事情呢？是否会连同基督教一起废除基督年表，根据阿道夫·希特勒的特权将1935年作为第二年呢？

但回头再说到我的老朋友汉谟拉比，我喜欢阅读有关他或他的王室所居住城市的书籍。关于过去城市的华丽堂皇的故事通常都非常地夸张。直到你最终参观了罗马，你会亲眼看到这片著名的广场是多么的渺小，还有比起我们自己的滚木球戏和体育场来，竞技场看起来是那么的无足轻重，你总想象着那些大帝国所统治的古老城镇的样子，觉得它们看起来应该像伦敦或纽约那样。但古巴比伦和古罗马看起来都根本不像我们现代的城市人口中心。古罗马似乎面临我们今天所遇到的贫民区问题一样的难题，其他地方则到处是肮脏混乱的街道和凌乱不堪的小巷、皇宫、露天仓库、泥泞且又小又脏的屋子。至于古巴比伦，除了我们能凭我们自己重建的那部分遗址，我们知道的值得肯定的东西几乎就没有什么了。遗址堆砌着大量的砖块，这个国家的强大统治者曾经居住在那里，通过建造空气凉爽的房间防御白天烈日炎炎带所引起的伤害。这些房间显得很凉爽，也不会使居住者觉得仿佛他是冰柜里的一块冰冻着的厚厚牛肉。然而，尽管如此，像巴比伦这样以古老著称的城镇，一定有其令人惊叹的视觉效果。巴比伦城的布局设计最终形成于基督诞生前的3000多年，实际上直到我们自己年代前3个世纪时还是幸存着的。根据当时不可靠的资料记载，巴比伦的覆盖面为一个正方形，有15英里宽和15英里长。但根据我们自己的发掘推算，它的宽度和长度只有两英里半。尽管这样，在那个小村庄的时代，巴比伦一定给60代人留下了深刻的印象。60个年代可是个相当长的时间啊，你知道美国现在作为白人居住区还只是15个年代而已。

　　然而今天，古巴比伦已经深深地埋葬于荒漠沙地之中，狼和狐狸漫步于它们的山头，那以前可是天地万物的中心哪。过去据说是波斯人在薛西斯的带领下摧毁了这个城市。但几个世纪后，伟大的亚历山大死在了尼布甲尼撒

的古老皇宫，他期望着能在他那不寻常的新帝国居所苏醒。这个帝国曾统治了三大洲。因此，这个城市一定存留到公元前323年。但仅仅几年后，准确地说是在公元前275年，这个城市在我们的眼前消失了，它已经完全从地球的表面消失了。它到底发

123

生了什么呢？我们不得而知。古巴比伦对我们而言是如此地神秘，就像其他所有那些令人困惑的城市一样，消失在马来半岛的森林中，或隐藏在中亚地区的荒漠沙地中，或屹立在中南美洲被人遗忘的热带从林中，或淹没在海洋的波涛中，带着钟铃发出叮当声和轰隆声，惊吓着渔民。

人们会认为，这些著名城市的消失一定以某种令人吃惊的方式给同时代的人深刻印象，他们至少会给我们留传着有关这个话题的一些具体资料片段。但同时代的人似乎并未非常清晰明了地注意到在他们自己眼皮底下所发生的事情。我们口齿伶俐地谈论着古罗马的垮台，但没有一个罗马作家看起来已经意识到他和他的城市实际已面临的结局。人们继续生活着，只是少了些安全感，也许还少了原有的舒适和奢侈。但他们继续生活着，在我们今天1935年的人看来是有着重要意义的历史时期，对他们来说却只是另一起普通事件。对于他们在报纸上所读到的消息，在俱乐部听到的谈论话题，人人都说："哦，好吧，也许事情并没有那么糟糕呢！只是一些报纸上说说而已的事情吧！"

如果你曾经在报社工作过，你会记得有关一个年轻记者的故事。他接受任务要去一个小镇报道一场火灾的事情，他本人就在那个小镇生活和工作，他回家后说："唉，写那个火灾报道有什么用呢？每个人都在现场，他们亲眼见证了这场火灾。为什么还说些他们知道的事情呢？"

对于已经消失的城市和文明，也似乎是同样的道理。每个人都在见证着这一切，为什么还要写它呢？但在历史上，没有什么比消失的城市和被遗忘的文明这样的问题更吸引人的主题了。整个星球就是一个巨大的墓地，埋葬着过去的野心，通过一些砖块和破碎的雕像，或在古老的崇拜场所留下的一些柱状物，模糊暗淡地告诉我们他们的故事。

33 9月5日

1935年9月5日

　　我曾做了一件非常危险的事情。它发生在3个星期之前的一个周日晚上。我庄重地将自己打扮成希伯来先知以利亚的形象，并自我沉醉于预知未来的感觉中。我尽量庄严地宣称，英国决不会允许墨索里尼先生将地中海变成为意大利的内陆海洋。我注意到，埃塞俄比亚人的事情只是一种迷惑人的假象而已，没有什么特别重要的。我坚信，真正的问题在于现代意大利和英国之间的矛盾冲突，意大利要设法复兴古罗马帝国的统治，而英国则已经将地中海作为其加强对印度人领地控制的捷径（随时获得你想要的战利品），必然要毁坏任何其他有可能威胁它通讯航线的政权，从直布罗陀海峡途经马耳他，一直到苏伊士运河。意大利在目前的情况下好像会运用潜水艇和空中飞行器威胁到这条通讯航线。因此，就像迦太基会为了地中海的统治权，与古罗马进行战斗一样，意大利与英国之间也必定会发生冲突。因为无论何时，只要存在我们现行的国家主义体系，两个国家都有充足而急迫的理由想要拥有同样的东西时，他们必将愿意为此而战斗。如果我没有记错的话，那或多或少（恰恰）就是我要说的主题。我认为，我并不十分明智。任何一个历史学家，或（与此相关的）任何一个市民，通过查阅一些统计资料和好的地图，都能得出相同的结论。但相当出乎意料的是，我的预言得到了极大的重视。联合出版社支持这一政治预示，并将它作为正常的新闻报道。我只觉得遗憾的是，梅尔维尔·斯通已经去世了，他不能看到这一切。因为在他和埃迪·胡德之间，有着祝福的记忆，所有的老记者聚集在一起，我了解到报纸商业的信息。当他们看到他们以前的学生现在已经成为日常新闻时，一定非常高兴。其他的人会对他更加感兴趣，因为最糟糕的是，英国如我所预言的那样非常热情地开始行动起来，24个小时内在地中海就调集了他们的舰队，额外又向埃及派驻军队。

自那以后，很多人坚信，我一定有什么秘密的信息渠道。唉，我根本就没有！我只知道书上所说的而已。你也能猜到的一些历史书而已，但它们的确是非常可信的指南。有关过去的故事，如果加以正确地理解和解释，就是未来事件的唯一真实可信的指南了。

到目前为止，一切都好。但可惜的是，太容易成功往往是一件非常危险的事情。这恰恰激起了一些业余的以利亚预言家想方设法要再次碰碰运气。为什么不呢？上次预言就说对了啊。为什么它不会再次起作用呢？因为某种凡夫俗子般的空虚无力，上周日晚上我突然用另外一个小小的预言结束了我的广播演讲。我非常肯定地断言，纽约这个城市已经没有什么价值了，它现在正在成为另一个没有什么特别重要的海滨小镇，甚至再过50年，它将只留下以往辉煌形象的影子而已。

满足我提出的这个大胆的声明的同时，我也该有责任让事情变得好一些。但我很高兴接受这个挑战。因为，我再一次明白书上所学到的知识。我很高兴地说，这些书都是支持我的观点的。

为了使这个长长的故事尽可能地简短，我列了我的争辩观点的主要思路。纽约曾是我们国家的货币贸易、人才交流、艺术和其他所有与金钱相关的事务（但货币也已经流失了）的主要中心。从现在起，纽约将会迅速地瓦解，失去以往显著的地位。所有这一切将要发生，因为纽约繁荣的基础已经

消失殆尽了。依我看，纽约的美好前景已经结束了。

那么，很好，我的善良的朋友们和以前在荷兰小村庄的邻居们，纽约繁荣的真实基础是什么呢？纽约繁荣的基础是外来移民。这些上百万的外来移民，50年来几乎是每年大约100万外来移民，不仅给纽约市带来了巨大的劳力资本，而且也带来了他们的储蓄。因此，随着货币贸易兴旺发展，纽约不久成了金融中心。那些满载上千名外来移民的轮船，等返程回到他们的家乡港口时装载着各种各样的商品。

这就是纽约成为整个东部海岸线的大出口港的原因。因为，19世纪七八十年代，纽约市的曼哈顿这个小岛迅速聚拢了大量的现金，可能成为国家纸牌赌博游戏区，新世界里的一个赌博的大区域，在那里没人问你什么，只要你会花钱买你的筹码。

那就是所有的事实。今天，外来移民已经成为了过去，它绝不会再现了。既然纽约繁荣的全部上层建筑是建立在外来移民的基础上的，那么当人类大规模的运输业务结束时，纽约一定会失去它以往的价值。

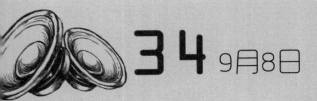

34 9月8日

1935年9月8日

　　有些事情在我的一些老年朋友们看来是非常悲哀的。他们是热心肠的健康人。美国在他们孩提和青年时期的记忆里是非常完美的，给他们带来了舒适和奢华的生活，满足他们内心深处的精神需求。因此，如今他们极其迷惘地扪心自问："为什么？为什么我们的孩子们如此地从容，甚至几乎恼怒得要背离这样美好的生活？为什么他们只会沉默地耸耸肩或无视欢呼，就如此地回应我们充满激情的恳请呢？"

　　就此，让我来安慰安慰他们吧。这种显而易见的敌意看法并非是个别的。只不过，年轻的一代人已经完全长大了，他们不再相信那些在他们父母眼里的所谓美好、体面和令人满意的终极目标。他们甚至不愿讨论这些话题，更不用说假装耐心地倾听了。

　　这都归因于奇特的历史事件。在过去的100年里，欧洲那些曾忍饥挨饿的民众中，上百万的民众还是精力充沛，蹒跚而行地度过了艰难时期，开始过上了世间富足的生活。在挖掘财富的同时，这代幸运的人形成了一种奇特的成功人生哲理。这种哲理完全是基于一种理想的推销术。这些推销人员购买东西的价格比你要卖给你邻居还便宜，这就是他们的才能。推销术并非是什么新玩意，它曾一直以来处于社会底层。而现在，它突然又在市民的所有令人满意的优点中名列首位，成为一种人人

都要尽全力为之奋斗的优点。

良好的环境孕育了真实美好生活的奇特理想追求，但良好的环境已经消失了，而且我恐怕它会永远消失。但这种人生哲理本身留存了下来，并成为独特的生活哲理。它混杂着对无拘无束的个人主义崇拜的假想见解，是基于目前年青一代和年老一代人之间的最可悲的误解而发生的。因为以往的理想主义完全忽视了一个事实：年轻人如果不真正热情地去努力奋斗，就会难以实现成功，甚至无法生活。

支持这种奇特的旧式信条的人们在一个学校里接受培训，宣扬迅速积累物质财富的观念。同时，他们在精神领域缓慢积累的成就也获得了同样的尊重。在这个世界，创办繁荣景象的公司就如同创作一流文学作品、谱写高雅交响乐曲或建造另一座伟大的卫城一样，得到人们同样的敬重。但那些人并不能让年轻人实现他们的终极目标，真正满足他们内心深处的愿望。最终，他们犯下了致命的错误。早期的新宗教和政治经济运动的创始人都知道，人们不会因为你给予过他或她什么东西，就爱上你。你也不会因为给你的追随者提供一条轻易通往天堂的路，就获得他们的忠诚。但你可以要求他们离开家庭和朋友，放弃所有个人利益的追求，愿为普通民众的幸福这个更加伟大的目标而奉献，成为你忠实的信徒。

那些年长的市民在学校里接受培训，认同通过竞争获得成功的观念。他们绝大多数人会痛苦地忽视这样一个事实：一般年轻人完全是不讲理的理想主义者。理想主义者认为，在我们这个世界上某些东西是无法估量也无法用金钱购买的。年轻人希望能有机会创造一种体面而文明的生活模式，建议过上一种舒适的生活。因此，年轻人存心反对年长的一代人，决定自立谋生。

只有上天知道他们要去哪里！但他们已经启程，也绝不会回头了。我们也许不能跟随他们。但有一点，我们应该感激他们，感激他们还是十分合乎礼仪的。我们至少能给他们一个机会！

到目前为止，一切都是美好的。但我一提到这个话题，我突然有些担心我自己的雄辩才能了。因为在激励人心的华丽词藻和平常朴素的废话之间，人们往往很难找出明确的界限。所以，我决定先在狗或小孩身上测试看看。

上天保佑我刚好有两个儿子和两个儿媳妇，他们毫无疑问正是我要向你描述的那些年轻人。当然，自从我自己上了年岁以后，整个环境都已经完全改变了。40年前的父辈们都是训练有素的陆军中士、铁路帮派的老板或幸福家庭中经济资产的权势典型人物。庆幸的是，我们19世纪80年代出生的所有人都熟知的家庭暴君如今已经成为往事，完全消亡了。在我认识的人当中，绝大多数家庭和睦，父母子女关系融洽，孩子们常常像对待自己的兄弟一样善待他们的父母。

在我们独特的一家人中，我们的角色已经发生了微妙的变化。我的孩子们成了我的兄弟，这就意味着他们对父亲所做的或打算要做的每件事情都会完全直言不讳。尽管在我的子孙后代看来我所做的事情是多么的愚蠢，但我还是把它视为一种伟大的个人恭维。这些长期遭受苦难的孩子们不仅继续对我充满着感情，而且只要他们认为有必要，也愿意指出我所犯的错误。

偶尔，他们也会全神贯注地倾听，但当我结束冗长的讲话时，他们说："爸爸，我们不明白你所说的话呀！你所说的每个词都没错，但有一点，我们必须得立即告诉你，你讲大半天的话还没有切入正题呀！"

于是，我又愉快地度过了两个小时来倾听他们的观点，而且受益匪浅。我非常乐意与你们交流他们的看法。但遗憾的是，通过善良的阿洛伊斯·豪夫里洛的表情，我明白我今天的谈话只剩下两分多钟了。

但在这两分钟的时间里，我至少期望你能做点事情，也许不仅对我们自己，而且也会对整个社会带来极大好处的事情。为什么不试试我的做法呢？我说过，年轻的一代人不再对我们所提供的理想而满意的生活感兴趣了。总的说来，他们认为这是相当愚蠢又过时的生活方式，完全就是在糟蹋人类的幸福，根本就不值得去尝试。就此，你也可以问问你的孩子们的想法，了解一下我所说的是否正确。

此外，我说过，我们的孩子们打算自谋出路，无论我们是否赞同他们，他们都希望不受太多的烦扰和呵护。你也许还想探究我所说的是否属实。

以上就是我今晚要讲的内容了。

至于我的看法，我认为这将是过去五万年里对未来美好生活最有前途的期待。因此，再次满怀乐观主义的精神，祝福你们度过一个非常美好的夜晚。

1935年9月12日

我们所有人都面临着这样一个问题——在某个时候，我们不得不公开地表示自己对邻居的某些观点。在评价其他国家的统治者时，我们能深入到什么程度？关于其他国家的政府，我们能够谈论什么，又不能够谈论什么？我们的国务院并不特别鼓励这样的言论。这并不是说我国政府曾采取措施对我们施加了直接影响。但如果我们仍坚持以前践行的无外交政策，如果我们仍从非常富裕的公民中挑选代表，而通常这些人的妻子和女儿认为外国的社会生活愉快得难以言表，那么，我们就可能继续漫无目的地在这一危险的深处游荡，而它布满了未知的岩石和隐藏的沙洲。在那里，甚至是具有数年资历的最有经验的外交船长，也会马失前蹄。更确切地说，他们自身会名誉扫地。因为无论何时，外交政策方面出现了任何问题，船长都要为此负责。虽然，船并不属于船长。

但另一方面，我觉得有理由表述一下我个人微不足道的观点——关于那些遥远的所谓的外国有名的统治者。因为，信不信由你，我是他们中几乎所有人的纳税人。上帝知道，如果不能确切地说我是我国无底洞般的国库的贡献者的话，可以说我是一个慷慨的人。但是，我也感到荣幸和高兴，能把自己微少的财富献给那些威严的要人，比如乔治国王陛下，献给埃尔·希特勒，献给格兰·卡瓦列·墨索里尼，献给其他正统和非正统的许多君主。

我为了生存而著书，同时也把它作为一种业余爱好。这种方式就如同其他人打高尔夫或者赛马。偶尔，我会录制广播节目，表达一些观点。现在，我的作品（我很感激地这样说）也已经赢得了许多外国人的欣赏。就我所知，到目前为止，我的各种巅峰之作和败笔之作已经出现了70多种译本。我为全部的外国译本支付了一定的收入税。这部分钱在我获得版税之前就被扣除了。其中，某些主权国家除了对取得自己分得的版税进行奇怪的防备之外，做得更过分一些。虽然承认自己欠我钱，但他们说："你过来拿吧。"

因为我根本不想在集中营中度过后半生（我听说所有集中营中的食物都非常劣质），所以我不会去拿那些钱的。我就站在这里，而在这里，我知道通向冰箱的路。因而，我工作别无他求，只为工作而工作。今天，我们差不多所有人都是为工作而工作的，以致最后的结果大致相同，即他们付款给我，或者不找零钱。

也许我并不是所有国家中缴税最多的纳税人。然而，当我在伦敦看到那些高贵的骑兵时，我骄傲地对自己说："无论如何，你为他们军靴用的鞋油埋单。"在柏林，我感到至少街道上那些迎面而来的褐色衬衫中的一部分得益于我十美分的墨水瓶的贡献。恐怕就连在埃塞俄比亚的意大利英勇的军队现在所吃的一部分意大利面条实际上也是由我付款的。

因为那些钱几乎全是我通过努力挣得的，所以我不时会对自己帮助支援过的那些国家的行动提出几个无偿的建议，至少我可能从中获得一些微小的满足。你可能还记得这个故事，一个苏格兰人参观一艘英国的军舰，他提出要见一见舰队司令。当英国人问他应当通知哪些人时，他回答说："若您愿意，请通知这艘军舰的每一个主人。"这说的就是我。我是其中一个主人，对自己的个人财物发表意见一直都是主人的权利。

对于外交部门来说，存在许多这样的问题。

而国内部门也需要给予一些关注，这个部门也存在某些问题。

因为民主，如果它能成功地起作用的话，依赖其所有组成部分的真诚的评价。我们差不多全都习惯了评价自己的近邻。然而，有这样一类公民，他们怨恨人们公开讨论他们的行为。他们就是专业爱国者一类的人。因为他们认为自己的言行是爱国主义唯一的真正标志，任何与自己的言论相反的观点都是对爱国主义的亵渎。他们要求这些匪徒受到严厉的惩罚，就像他们所经历过的在教堂示众一样。

另外，他们认为自己非常乐意对持相反意见的那些人进行各种辱骂。因为他们是在努力拯救联邦或者宪法，使之免受国家的所有敌人的攻击。刚才，在思考其他事情的时候，我想起了一名女子。就在不久前，她起草了一份共和国危险的红色分子的全名单。她随即将名单打印出来，在一片恭维声中寄给了国内所有的报社。我很荣幸跻身于这份名单。我说荣幸，是因为之前我从未在有如此威严的群体中。然而，我毫不清楚为何我会被收录于该名单，直到我发现自己的资格介绍："亨德里克·威廉·房龙：1822年1月14日生于日本，之后曾到过俄国。"

因为现在，无论谁不厌其烦地查阅"名人录"，都会发现我以前在俄国和波兰待了将近一年。确切地说，那发生在29年前。那时，我被联合报社派往莫斯科和圣彼得堡做报道。其间，每天都是常规事项，每天都发生反犹太暴乱、依法处决罪犯等事情。自那以来，我和俄国之间的唯一联系只有文字激烈的通信。在信中，我强烈要求诚实的布尔什维克们不要偷窃我的书，毕竟他们没有免费送我几本赃物。仅此而已。因为29年前我的确到过某些国家，所以我被包括在危险的红色分子的名单中。

我要做什么解释吗？我没有什么可解释的。这位可爱的夫人——对这个不幸的影射和讽刺的大杂烩负责任的人，可以一直隐藏在自己深受鼓舞的爱国主义的外套之后。她只是曾努力保护"国联"使之免受隐藏的敌人的破坏。她只是在身披旗帜的被告出现时，努力收集他们的危险证据！就像你有很多机会获得仅值一便士的判断一样，你也有很多机会使市长拉瓜迪亚被推举为柏林这一美好城市的荣誉公民。

就在上周，我读报时看到这样一则报道。一个蓬勃发展的爱国社团新推举出了一位负责人，她阐述了对那些认真研究美国宪法的人的观点，表达了对那些无确定派别的人们的看法。尽管，当她骄傲地发言时，她从未费心思阅读过那些人的任何作品。她这样做可能已经考虑到对雄心壮志的人们缺乏尊重，而正是这些人对那篇公文负责。在公布时，这篇公文似乎使许多代表不满意。而这些代表恰恰参加了宪法大会，以至于足有1/3的代表不愿在议案上签名。

好吧，我们中的那些人认为它是人类天才们起草的最有智慧的国家文件之一，但我们也对该议案的实际概念为何是这样感兴趣。那位可爱的夫人认为我们和他们就是一类人，但至少我们与优秀者为伍。乔治·华盛顿通常被认为是一个优秀又诚实的爱国主义者，他曾经扼住了生命的咽喉。因为，除乔治·华盛顿本人之外，从来没有人用以下的方式谈论过这个问题：

"现在被提交给我们的宪法并非没有瑕疵。但考虑到大会本身参与者众多且与会者兴趣多样，因此，如某些人期望的那样，宪法中有几个激进的缺陷。因为宪法允许未来进行修订和改变，所以我认为对于人们来说，接受它的现状是明智的。"

也许我有偏见，但我承认在这件事上，至少我宁愿支持乔治·华盛顿，而非赞同那些永远躲藏在自己名字后面的人，尽管他们从未通过仔细研究他按期出版的信件来奉承过他。

36 9月15日

1935年9月15日

现在，我能够与许多伟大的科学家、艺术家和哲学家面对面地交流，我发现他们中大多数都对世界现状非常不满。我的朋友一生都生活在一个真正的火山边缘，他更加宽容和乐观。他似乎觉得（我偶然觉得），我们现在的世界正在慢慢摆脱冰河时代遗留下来的知识分子思想。很自然地，我们随后谈论到人类，最终探讨到足以和人类的类人猿远亲说再见。突然，我新结识的朋友说了一句话，这句话彻底打乱了我之前关于事物的现有秩序的所有观点。这句话困扰我至今。当夹着雷声的暴雨缓缓地越过莫纳克亚山的远峰涌来的时候，他开口讲道："我们的问题是在某些方面我们很聪明，而在别的许多方面我们一点也不明智。虽然我们在各种实践方面已经取得了巨大的进步，但除非我们首先了解更多含有字母'N'的单词，如'大自然'的本质；否则，我们永远也不会真正理解自我。我们的生命起源于自然，我们也将在未来某天再回归自然，也来源于我们自己是一个不可分割的山或海洋的一部分。同山川和大海一样，我们人类也是自然不可分割的一部分。"

"到目前为止，在我们对大自然的所有研究中，我们已经开始使用一个人类创造的时间概念，这样一来，时间就必须通过一些加密的方式来表达。然而，大自然并不存在密码。虽然大自然不依靠那些人造的东西就创造了奇迹，但我们人类却需要借助它们来解读自然。结果，我们用人类的密码和时间图表

塞满了大自然的整体构架。最终，借助密码，我们创造了第二个世界——一个虚拟世界。这个世界就建在现实世界的附近，好像实际就存在似的。当然，二者是永远的对立面。虚拟世界的存在导致了无休止的混乱。"

"大自然在永恒的基础上处理事物，没有开始，也没有结束；不论是100万年，还是1秒钟，对于它都是一样的。而人类只能用密码来表达自己的时间概念，比如，1000年、15分钟、100万年、1小时，或者一又三分之一秒。当然，它们绝不会完全一致。但只要有转换物就能解决这个问题，有了转换物，我们可以在木匠的商铺愉快地工作，轻松确定我们的列车时刻表，享受我们的广播电台。然而，大自然看不懂密码，结果人类和大自然从来都没有互相了解过。你明白我的意思了吗？"

我明白，但也不明白。如果你们中的任何一个人带着这个问题像我一样思考至今（关于这一点，我从不抱太大希望，因为其中大部分对我来说过于深奥），我确信你也将会是这种感觉。但是，我的朋友关于时间概念这一人造物的言论猛然袭来，几乎推翻了之前彻底主宰着我的人生的全部观点——关于过去、现在和未来的神圣的三部曲。突然之间，我不得不为自己重建一个全新的宇宙，这个宇宙没有任何由人类的科学家凭空创造明确的时间界限。我过去就像是这样一个小孩，他很长时间都相当快乐和满足生活在自己的小花园里，突然有一天，他意外地发现自己竟然迷失在没有路的丛林中心。我有生以来第一次意识到要重新看待审判伽利略的法官，他们因为当初固执又愚蠢地拒绝接受可怜的天文学家关于地球围绕太阳转动而不是太阳围绕地球转动的论断，现在一直受到谴责。我第一次意识到也许他们并不像我们有时猜想的那么愚蠢。只是，他们一生都平静地生活在一个被认为是太阳围绕着地球转动的世界。因此，正如我们很难接受2乘以2不一定等于4或者平行线实际上是相交的一样，他们可能也很难接受地球是围绕太阳转动的事实。

我不会再继续揣测大自然的时间因素，因为它也许存在，也许不存在。我发现我完全忽视了自己在物理学、化学和自然科学各学科方面的知识。我认为自己现在的状态非常危险。但是，我永远也不会忘记夏威夷美丽的岛屿。如果我是它的发现者，我将会将其命名为大转变岛。因为正是在火山旁边，我才突然明白，一旦一个人形成了某种特定的思维方式，就很难再彻底改变他的精神状态。我可能会怀疑我的邻居对他们偶然相信的政治、经济或是艺术领域的某些事物的认识是完全错误的，但我不再期待出现奇迹。因为，他们一生中的前50年碰巧是这样成长的。况且仅10年之后，他们中的许多人肯定已经固执于自己的观点。那么，我在不给他们存在的整个群体带来各种始料不及的伤害的同时，能改变他们的观点吗？也许我能做到，但我很怀疑！现在革命却尝试通过大规模的实施来实现这个目的。而我恰巧是一个爱好和平的人，因此我将为防止暴力而战。

我所能够做到的，所有期望有一个不同的更幸福的世界的人们所能够做到的只是——在少数人的头脑中埋入怀疑的种子，在没有任何人注意的时候这样做更可取。假如这些种子得以幸存（可能性通常非常小），到了一定的时候就会开花。而这些花将孕育更多的种子，种子将会传播得更远、更广阔。最终，人们生活的所有地方都生长着我们许多年前种下的这种植物，而在此之前（根据我们人类的事物概念），这里长满了毫无用处且危险的野草。

37 9月19日

1935年9月19日

阿道夫·希特勒曾发表过另一番言论。你可能读过，也可能没有读过。实际上它与以前的讲话大体相同，仍旧是那个老套的故事，仍旧是关于死亡、命运和反抗的夸张言论。我们依然握紧了拳头，迎接它们！来吧，不论是一个还是全部，我们都将猛击它们！践踏它们！我们将碾碎它们！我们日耳曼人的巨剑将会撕裂它们的心脏！还有，让一名平庸的演员来演出弗里德里希·尼采的剧作，让一名名不见经传的演奏家来演奏理查德·瓦格纳的名曲。但是，台词和乐曲都会做些变动以适应这一需要。

这是我为数不多的真诚的道歉——我不是一个可敬的老妇人。不论你多大年纪，你会一直认为自己错过了某些事，而这些事永不会再来。你被骗走了这些事，没有人能再补偿给你。它将使你痛苦，会一直使你痛苦，因此，你想要报复这些人。可怜的孩子，到（外）祖母身边来，把一切都告诉她！

不过，既然大自然另有决定，在这样美好的一天，我只能坐在这里。然而，我认为活着是一件幸福的事。因而，我对这100多个独裁者做了一点分析和归类。在我的历史研究历程中，我找到了和这些独裁者有关联的一类人。借此，我们所有人都可以更深入地了解一下这些奇怪的人，他们只给世界带来了战争和战争的谣言。

从一开始，你就会大吃一惊，就如同我当初一样。那时，我终于揭开了影响这类人思想和行动的因素这一秘密。过去我一直把他们看作这种类型的人，认为他们或者是假超人，或者是没有良心、对别人的不幸毫无怜悯之心的家伙，或者是由错误思想指引的唯心论者，或者是仅在活动范围上有所区别于我们相当熟悉的匪徒作风的人，或者是宁愿牺牲一切来满足自己贪得无厌的自尊的说大话者。

我得承认至今我都误会了他们。因为所有和典型的独裁者的观点有联系的事情刚好和他们的做法完全相反，他们只是不幸童年的产物。在童年时期，他们被忽视，没有受到关爱。他们错过了所有生物与生俱来都享有的权利。所有的生物，不论卑微还是浅薄，不论是小猫还是婴儿，都天生享有这种权利。他们从来没有过这样的经历——有人关心、爱护他们，可能对他们还有一点点的溺爱。因而，他们所有人注定了这样度过一生：一生中，他们都有着压抑不住的怨恨情绪，都在无休止地渴望逃离那个难以忍受的记忆。正是这种记忆驱使他们去进行一些奇怪的超自然的冒险，他们以此证明自己不是世人认为的呆板又愚笨的孩子。事实上正好相反，不论是以前，还是现在，他们都和那些在街角游戏的小朋友一样聪明，甚至还可能比他们更聪明。然而，他们自身却被剥夺了享受这些游戏的权利，尽管他们本身没有犯错。

这是最为关键的一点——尽管他们本身没有犯错。当然，他们的努力不会有结果。因为，童年一去不复返。况且，除非他们是上流社会人士（这种情况世所罕见，就如同在非洲的丛林中少见善良一样），或者除非他们是汉斯·克里斯蒂安·安徒生的后裔，否则，他们最终会把自己的不幸转变成一种对全世界的仇恨。然而，一般说来，他们本质上是正直、淳朴的人，实际上他们为自己的这种感觉深感愧疚。因此，他们试图掩盖痕迹。他们将自己的仇恨冠以其他名字，假装事实上，他们是出于对祖国和人民的热爱，才那样行事。但是，在自己不幸的灵魂深处，他们知道，自己所谓的爱实际上只是伪装了的对别人的仇恨而已。

38 9月22日

1935年9月22日

几周前，我谈论了年轻人的问题。没有什么新的观点。我们所谓的年轻人的问题已经存在了50万年之久。老年人问题亦是如此。人的一生一定是充满了复杂的难题（因为如果没有不断的争斗，生命就无法存在），因而不论是年轻人、老年人还是中年人，都会一直面临这些永远也得不到很好解决的问题。因为这些问题的解决会推测出存在着某些明确的行为标准，这些标准可能存在于数学领域，但至今还从未有人发现人性中也存在标准。

我认为，这似乎是一个很高明的安排。它趋向于使我们保持年轻，驱除了我们对死亡的恐惧。因为当我们不能再像从前那样迅捷又从容地从一个问题跳跃至另一个问题时，大自然指给我们一条可行之路。这样一来，我们面临的唯一难题就是怎样以有尊严又有价值的方式告别这一阶段。

我从未有过今天这样的感觉，我感到生命是如此有趣和激动人心。对于周围的一切来说，人们的意识是非常清醒的。各处的人们都在努力进行着各种奇怪的实验，他们试图通过实验使世界相对于大多数同胞而言变得比以往任何时候都更加公平。对那些感觉不幸的人们来说，进行实验的日子的确很艰苦。因为无论何时，通常是在没有任何前兆的情况下，他们不得不在半途转变方向。而且大多数实验现在看来的确很愚蠢，又必然会造成危害。但是，这又有什么关系呢?

刚才，我的小外孙来看望我。出于好奇的天性，他一直在椅子和沙发之间表演杂技，这使我大为紧张。我不得不在各种遵照万有引力定律摆放的家具后面搜寻他，而这既不符合牛顿博士的著名"原理"，也不符合"算术的普遍性"。但每次当我一紧张，准备叫他停止愚蠢的冒险时，他的母亲就会安心地笑笑，说道："别担心，爸爸。他得自己摸索一会儿。当然，他可能会把自己跌得很惨。那么，他就会跑到我身边，我给他擦干眼泪，他就又笑了。下次，他就会长记性了。"

目前，人类也在进行着比将我们的卧室改造成三环圈形状更加危险的大变革。毫无疑问，将会出现许多事故。但是，这似乎又是大自然在以自己的方式行事，不断尝试、出错，经历失败后取得胜利。因此，为什么我还要假装自己比大自然更聪明呢?

因此，当我们因为社会极端分子们愚蠢至极的表演而气愤异常时，我要再重复一次我说过的话——活着是一件幸福的事。况且，他们如此炫耀地享受的是他们短暂的自由（欢呼吧！他们很快就会回到他们本应该在的地方）。这个演出非常壮观，它在或大或小的舞台上夜以继日地上演。当然，在某个确定的时刻，一切都会发生巨变，一切都会变得和我成长时所知的不同了。因此，我可能会说："我想我已经受够了。我对这些演员再也没有以前的热情和兴趣了。"当这一刻来临时，我会努力记住我们善良的先辈这50年来教会我的一切。我将站起来，缓慢地走到最近的出口。这样一来，我就不会干扰其他的观众，不会惹他们不快。而这些人仍然感到很愉快，正期盼着下一幕。

39 9月26日

1935年9月26日

9月26日，星期四，亨德里克·威廉·房龙录制了两个广播节目。7点30分，在WEAF电台的系列节目"我的爱好是听音乐"中他演奏了小提琴。以下是他以介绍的方式所作的讲话。

在这个奇怪的充满矛盾的大城市中，许多公共建筑物中有这样一个规则——携带有包装物品（包括小提琴）的人只能乘坐运货电梯。上周我就遇到了这种情况。电梯中的服务人员相当疑惑地盯着我问道："喂，那边的那个人！您是音乐家吗？"我回答说我不是。

如果他今晚在听广播的话，就会知道我说的是实情。这就产生了一个问题，即既然不是音乐家，我为什么还要演奏小提琴呢？是出于空虚，还是因为只是正常地希望有人欣赏我的音乐呢？

我的朋友，这两个都不是真正的原因。我已经很老了，现在只在乎自己的身体，不会再贪慕虚荣了。何况事实上，我已经在欧洲的所有上等饭店和咖啡馆以及一些下等饭店和咖啡馆中演奏过小提琴了。然而，我还没有在美国演奏过。因为美国人从不做这种事，他们不喜欢小提琴。我们都是通过自我潜意识而认知到这些事情的。这种自我潜意识也正是今晚我要演奏小提琴的原因。

我们生活在一个充满竞争的国家，而竞争会扰乱我们心灵的宁静。打高尔夫时，我们想要打得和琼斯先生一样好。打网球时，我们希望自己成为另一个蒂尔登。如果参加戏剧表演，我们内心盼望自己某天会成为另一个奥蒂斯·斯金纳。竞争存在于我们日常生活的方方面面。我们从不认同仅出于喜欢就应该去做某事。我们吃东西是为了更加聪明，用自己的智慧来对付不如意的未来。我们喝东西是为了锻炼肌肉，使自己能比同事早3秒钟到达办公室，这样老板会说，"以后你来管理酸洗工段"。我们甚至抽烟来使自己的音质更加接近男高音。我们学习法语，却不喜欢读法语原著，只是为了当我们在意大利饭店面对一个希腊侍者询问我们的烤豆是否添加番茄酱时，我们不至于听不懂。

　　而有的人主要是因为喜欢而一直做某事。比如，他吃东西是因为他喜欢吃东西；他喝牛奶是因为与其他饮料相比他更喜欢牛奶；他吸烟是因为他喜欢吸烟，而不知道品牌之间的差别。他们从未想过去提高自己的声乐知识或者锻炼身体。现在我就是一个最好的实例。我已经到了成熟的年纪，所有那些事我都做过。我很希望自己能活到90岁，因为从这些事中我得到了很多乐趣。我将在被人们遗忘的可爱的佛蒙特州为自己选择一处最引人入胜的公墓。这样一来，我就不会担心我的邻居们会使社交界名人录注意到我。

　　出于相同的原因，我画画、拉小提琴。我可以对你们说我做的所有事都是偶然完成的，说因为我真正了解了伦勃朗或者巴赫的灵魂，所以我对16、

17世纪的历史有了更深刻的认识，这是一派胡言！（没有双关语意）在工作中，它帮助我去了解这些人的灵魂，但它仅是这个故事的一个方面。我或者你做事的主要原因是——世界上唯一的好事就是我们所做的事，因为这些事做起来非常愉快。

为什么还要担心其他的呢？

我的确不是克莱斯勒。然而就算是克莱斯勒可能也不会比我从拉小提琴中得到更多乐趣。因而，即便我不是一流的演奏家，又有什么关系呢？我们中有谁会因为自己绝不会在公共场合朗诵"生存还是死亡"而拒绝学习讲话吗？当然，我们不会！我们会因为不会成为伟大的小说家而拒绝认字吗？当然，我们也不会！我们学习讲话、学习写作是因为能与他人交谈、能写信给别人是一件乐事。讲述给别人或者写信告诉他人自那次钓鱼之旅归来后我们是多么享受待在家里，这是非常愉快的事。唯一值得做的事就是那些我们为了纯粹地做事的乐趣而做的事。然而我不能再继续讲了。我真正的生命哲学节目在8点45分开始。现在只是7点32分。对我来说，现在是让你们了解幸福生活的秘密的时候了——只因为喜欢而做事。

因此，以约翰·塞巴斯蒂安·巴赫的名义起誓，如果卡斯塔涅塔小姐不能好好使用这架高贵钢琴的脚踏板的话，就让我们来使用！

在格雷斯·卡斯塔涅塔的伴奏下，他演奏了以下曲目：乔治·弗里德里希·亨德尔（1685—1759）的《布雷舞曲》，由长笛与古钢琴奏鸣曲改编而成；约翰·塞巴斯蒂安·巴赫（1685—1750）的《赞美诗：耶稣，吾民仰望的喜悦》；冯·格鲁克（1714—1787）的《俄尔甫斯和欧律狄刻》；约翰·马特森（1681—1764）的一支曲子；迪特斯·冯·迪特斯多夫（1739—1799）的《德国舞曲》。

他以瓦列里乌斯著名的《Dankgebed》结束了演奏。这是瓦列里乌斯为了纪念自己深爱的位于费勒的村庄而创作的曲子。400年前瓦列里乌斯是该镇的公证人，他收集了基督教的赞美诗。他的收集具有重大的纪念意义。自那时起，基督教的赞美诗几乎成了所有教派的神圣音乐。

好奇的读者能在哈考特、布雷斯和纽约市公司出版的《小提琴手的音乐集》一书的第一卷——"科雷利和巴赫的时代"中找到大部分赞美诗。

40 9月26日

1935年9月26日

你能用一个令人满意又很便捷的方法来表明这一事实：你不赞同某个人或一群人的观点。你使用"所谓的"这个词。它向所有人表明你偶然想起某个人的观点或者想到某个人的朋友和他持有不同的观点。如果他碰巧是一个自认为能为目前的经济困境指明道路的政治领袖，你可以认为他是一个"所谓的社会改革家"；如果他是一个医生，你不喜欢他的诊断，那么，你可以称他为"所谓的医学天才"；如果他或者她刚好是一个你不喜欢的歌手、艺术家或者画家的话，你可以将他们归入"所谓的歌手、艺术家或者画家"一类。

但是，还从未有一个群体比"所谓的知识分子"遭受更多这种贬损的称谓。他们被认为是所谓的知识阶层的人员。

可怜的知识阶层！战前，每个国家都有一群这样的知识分子。他们非常聪明，然而同时也相当愚蠢或者说是目光短浅。因为他们认为，将来某个时候世界将学会依靠理智和科学来解决一直存在的贫困、疾病和不必要的苦难的复杂问题。

在一些国家，这些"知识阶层"创造了真正的奇迹，而不是尽可能地在阻碍着进步。在俄国，一小群事实上并不是在西伯利亚工作的知识分子在遥远的圣彼得堡领导了煤矿起义。他们推动了这个不幸的地方在艺术、音乐、戏剧和文学的各个领域长足发展。而布尔什维克依靠知识分子群体积累的知识和艺术资本才得以在这里存在了16年整。然而现在，他们却被掠夺，受到歧视。人们认为他们除了制作了一部优秀的电影之外，没有做出任何重大的贡献。人们认为他们是冷漠的，是各种纯粹的资

产阶级团体遗留的自命不凡的渣滓。人们为此非常羞愧。

还是这个老套的故事。法国大革命时，人们杀死了当时最伟大的科学家，因为他偶尔说过革命不需要一个纯粹的化学天才。很快，他们就意识到了自己的错误。

但是，在我们起草对危险的莫斯科的起诉书之前，我们可以检查一下现有的相关事项。因为刚才在海关检查员面前，我们中的知识分子几乎和诚实的旅客一样可疑。华盛顿被认为是充满了所谓的知识分子的城市。我使用这个词语时，指的就是聪明的知识分子，而不只是指取得哲学博士学位的人。因为每个人都能获得博士学位。这只是通过长期努力就能解决的问题。这一点我很清楚。我就是这样取得了博士学位的。

确切地说，自安德鲁·杰克逊总统统治时期以来，我们的首都就不再是一个良好的孕育更多知识追求的地方了。事实上，这是一种奇怪的城市模式。它是当今世界上最强大国家的政治中心。然而，它的社会生活仍然被联邦之前时代的上流社会的传统制约着，它的政治传统被这种绅士们很好地代表着。他们认为，住房问题只是有关大房子的问题，他们从未想过把"王牌飞行员"和国家的航空业联系起来。

在这种环境下，知识的娇柔花朵没有机会绽放。至多，它们会被当作一种无害的杂草，而被允许生长在史密森博物馆和宇宙俱乐部的附近。这两个地方的人们留着胡须，一年挣2000美元的工资。但是，这可能不被统治着这里的国会大厦里高贵的人们接受。

对知识分子的不信任以很多奇怪的方式表现出来。参议员和国会议员一生都像总统般完美地讲着正统的英语，有时甚至用哈佛的口音。他们仓促地丢掉了自己别的梦想，从看见纪念华盛顿而建造的纪念碑那一刻起，就开始按照一种严格的语言规范生活。他们大多数都毕业于重点大学，也有少数人曾在牛津、剑桥或者其他国家求学。但是，我感觉他们一直在国会议员名录中提到他们的艰辛。他们多么辛苦地试图说服生活在古老农场里的爸爸送他们去小的红色教室的学校（离农场有15千米远，并且只能踏着厚厚的积雪走去）上学，那么，他们就可以在那里读书，学习写字、算术，然后走出那里，去其他地方。如果很偶然的他们对自己写的这本书产生了愧疚，或者他们认识到了贝多芬的第九交响曲和"鼬鼠跳"的差别，他们会贿赂知道实情的报社记者，以确保他们不会泄露自己的秘密。

这的确是一个非常尴尬的时刻。在目前的政体下，讲话和写作都使用一流的英语，而人们的智慧被用于深思熟虑。这些被成功地宣传成适当的办公室资格。首先，所谓的"实践的政治家"的忠心拥护者会非常吃惊，不敢相信他们是如此凄惨地投降了。但很快就有证据表明，这些知识分子只是在毫无希望的问题上迷茫了，就像他们的前辈一样，落后于我们的经济大潮。而骄傲的庸人们，无论何时他们去剧院或者被迫参加一场音乐庆典，必定会告诉周围的观众，他们可能不懂艺术，但他们清楚自己喜欢艺术，其他的意思就任由他们的听众想象了。

当然，今天所谓的知识分子被极端贬损。很快，政府中的知识分子时代就会再一次成为明日黄花。我的朋友，我来告诉你我们将得到些什么。那时，我们将得到半知识分子，而且我们所有人都不会幸福。那么，有没有另一个办法来解决存在已久的这个困境呢？

毕竟不能让极端主义者来统治像我们这样的国家。从事这个工作的人至少必须会读、会写、会做两三个数字简单的求和运算。除非这些数字都是零，否则，无穷大就是这些数字的极限。因此，一旦把知识分子赶走，你必定会得到半知识分子。因为二者的关系就如同美国南部某些海岸上的鳄鱼和鲨鱼的关系。在某处海域，你可以完全放心地游泳而不用担心会被鲨鱼袭击。因为附近有许多鳄鱼，所以鲨鱼找不到攻击你的机会，反之亦然。把知识分子赶走了，你就只能得到半知识分子。没有别的选择。

41 9月29日

1935年9月29日

上周，我们共和政体的两位公民花了11分15秒钟的时间互相击打面部。与此同时，其他9万位公民花费了大约100万美元的钱，观看他们在11分15秒钟时间内的互相击打表演。到目前为止一切顺利。因为为了参加这个活动，他们受过认真的训练，所以都不可能遭受任何长久的伤害。而对那9万人我不十分确定。这并不是因为我是一个敏感的人，而是那两个职业拳手可能受到了身体上的伤害的想法使我脆弱的心灵充满了严重的忧虑。虽然都是在白天的工作，但在500英尺（1英尺＝0.3048米）的空中架起一个钢架，可能比在拳击场上花费几分钟更加危险。

但是，我对人们的一般道德有点震惊。我们的报纸可以从9万人的视野里得出这样的结论：他们认为自己是目前能够参加这个历史性活动的少数特权人物之一，他们以后会在大都会为此庆祝。这些人从我国的各个地方聚集在此，花费了（根据总体估算）大约1000万美元。

"繁荣昌盛的时代的确已经到了"，报纸可以这样宣传。"的确，当人们能够在一次拳击比赛上花费1000万美元时，繁荣昌盛的时代确实是在大步向我们迈进！"

这听起来很合理，但我对自己说："我曾在某处听到过这种论调。"我的确在某处听到过，你也一定在某处听到过，我们所有人都确实在某处听到过。但是在哪里呢？我们曾在哪里听到过呢？它是什么意思呢？让我们试着找出它。但在此过程中，我们不要生气、不要丧失耐心，因为它没有听起来那么简单。在金字塔刚刚竣工的时代，它常常使人们恼怒。在罗马文化称雄世界文明的时代，它常常使人们担心。它也使基督徒们忧虑，他们希望随着蒲甘王国的消失，这些事情都会彻底结束。它使中世纪的人们担心，使看到法国大革命到来的人担心。但是，没有人能将他的手指放在这个疼痛的点上，没有人正视它。钱确实花掉了。钱的花费一直都被当作经济繁荣的一个标志。那么，还有什么要说的呢？

但是，当大量的钱被非常轻易地消费时，经济状况（因为它随后会表现出来）总是最差的。不论是以前还是现在，这看起来都是一个悖论。也许是，也许不是。让我们努力弄清楚它，这也是为了我们自己。

仅在几年前，俄国沙皇王朝灭亡了。它是一个一年365天花钱竞赛的提倡者。当王室位于圣彼得堡的时候，王权的忠诚的残余分子就像醉酒的船员一样挥霍金钱（当然，我指的是俄国船员）。然而，这个城镇一直保持着俗丽褴褛的形象——它使我想起了郊区。肯定是有些事情出错了——但是，哪里出错了呢？在花钱这一点上，和那些易受美妙又虔诚的印度教的内在精神之光感召的人们相比，欧洲人只是初学者。这些人包括伟大的印度半岛上的大君、首长、大人物和可汗。他们花费百万美元来装饰自己的宠物大象。它的象牙镶满了钻石，象鼻嵌有红宝石。因此，如果这个规则适用的话，对那些无知的印度教的丈夫，对他们清秀的黑发妻子和亲爱的孩子来说，印度就是一个充满了欢声笑语的幸福国度。然而，和被称为印度农民的悲惨又沮丧的地球上的动物相比较，这个规则似乎也不适用于美国的过着不祥生活的普通军用骡子。

它很糟糕。但是，每一次它都有机会使所有人高兴。通过无限的消费使

国家富强的理论已经证明是一片沼泽地，是极大的失败。我不愿意承认这一事实，因为就我个人来说，我完全赞同消费而不是储蓄。但是，历史似乎支持将锡克尔藏在自己袜子里的人。他们可能就是我有时称之为吝啬鬼、小气鬼、舔便士者、贪婪积财者的那类人。他们也许很自私，而且他们的妻子邋遢，孩子需要新鞋和理发。当到了挽救国家于危难的时候，法国农民、中国农民和荷兰小食利者被要求进行另一次小型的经济狂欢。而这些人正是睡在装着自己股票和债券的小锡盒子上。如果足够聪明，他们就能够避免这个必然的灾祸。

我不知道它为何这样发展。对于它所造成的灾难我深感遗憾。我喜欢另一种更优越的制度（自由消费的理念）。然而，这种制度有一个很大的缺陷。每一次，就在即将完全成功时，它总是失灵，随之而来的失败就成了揪心的痛楚。因为，这种制度有99%的可能总是伴随着革命。

这把我们带回到12分钟前的话题。我很高兴，这场拳击比赛的观众是真正的运动员，这个城市以他们为荣。他们花费1亿美元观看两个有前途的年轻绅士互相击打鼻子，相当于1分钟花费了大约4万美元。我很高兴，宾馆赚到了，出租车司机（无论如何，他们需要冷静一下）、我的好朋友以及使观众兴奋和沮丧的可敬的公民们都赚到了。

42 10月3日

1935年10月3日

莱比锡战役开始于1813年10月16日。它一直持续到19日，联军最终击败了拿破仑。4天后，这个消息传到了以前独立的尼德兰七省联合共和国，现在，它被剥夺了自由，仅仅作为法兰西帝国的一个省份而耻辱地幸存着。

在荷兰国家历史上，这是不光彩的一页。荷兰已经从一个商人、探险家和勇敢的殖民地管理者的国家堕落为一个投资者的国家。而投资者（我们从最近的经历就可以知道）不配称作英雄。的确，在枯燥和有辱人格的1795年至1815年，未来的历史学家不辞劳苦地提起的只有一件事。确实，拿破仑遭遇了他人生的第一次失败。但是，他仍是无可争议的整个大陆的统治者。这个高贵的国王周围围绕着一群卑劣的间谍，他们可能是一群做坏事的最卑劣的骗子。这涉及思考有关生命和死亡的问题，甚至幻想可能发生一些会扰乱小科西嘉的雇佣兵制度的事情。因此，那时至少有一名荷兰人对此怀有永恒的荣誉感。当莱比锡战役的消息一传来，他就立即开始研究，认真地为荷兰王国制定出一个宪法草案，他期望新的王国会建立在旧的独立共和国的废墟之上。

他很幸运，他的计划没有被发现。他建立了自己的独立的小王国，随后退出了历史舞台。他不是一个很聪明的政治家，不太适应伴随着法国大革命的到来而产生新的世界。但是，在

历史舞台上，他扮演了自己的小角色。当看起来似乎所有人都反对这一发展的时候，当似乎不存在未来的时候，他预测了未来。因此，我一直都很喜欢他。在其他人都对未来非常绝望的时候，只有他预见到和其他人正好相反的一个未来。

我一直有一个秘密的希望。我希望某一天我也能够预见到明显的不可能之事。恐怕，我至今也没有机会。然而，我的机会突然来临了。但我的这个预言非常简单，以至于我感到有点羞愧。然而，因为机会不会再来，并且在我们仍旧处于绝望的严冬时，打破坚冰不失为一个好主意，所以今天——1935年10月3日，我将告诉你们——夸大的民族主义，骇人听闻的、难以置信的、愚蠢的、目光短浅的、毫无感情的欧洲的民族主义将一去不复返。而我们的子孙会发自内心地为这一天感到羞愧。在过去的10年，它给我们所有人带来了巨大的伤害。不是因为所有这些民族主义的国家领导人突然看见了曙光。不是！事实上他们似乎比以前更无视实际状况。然而，现实会揪住他们倔强的颈背，强行把他们踢出去。现实将以一种奇怪的方式来做这件事。虽然这个原因目前看来很值得怀疑，但随着时间流逝，它本身会越来越清楚。

我想到的是，又一次从亚洲传来了威胁欧洲的危险，它将使欧洲人民面临这样的选择——停止目前自杀的政策，否则你们会死去！

我摘录了一些3万年前的历史。我提到了欧亚之间的战争。那场战争发生在遥远的过去，人们的记忆都已经很模糊了。在伟大的冰川时代末期，那时，欧洲正缓慢地开始从厚厚的冰雪层中显露出来，再一次成了适宜人类居住的地方。祖先的遗骨暗示着一些事情，但它们什么也没有表明。我们不清楚发生在欧洲少数土著后人（他们从冰川时期幸存下来）和来自东方的武装入侵者之间的斗争。然而，土著种族几乎被完全消灭的事实指向了东西方之间长期的种族斗争。入侵者也可能来自于南方。然而，一切仅仅是理论上的戏法。直到荷马时代，我们才对此有了确切的了解。

直到4个世纪后，俄国才最终从矮小的黄种人的奴役中彻底解脱。一直到1683年，整个中欧在奥地利人的帮助下，将维也纳从土耳其人的占领中解救出来。当你了解这些时已经是近些年的事了，此时哈佛学院已经诞生了41届毕业生。甚至在今天，亚洲仍然占领着君士坦丁堡，因而，所有解救它的行动都失败了。

因此，就算我们忽略史前时期，实际上仍有将近30世纪的时间中欧亚之间战争不断。而欧亚之间的战争永远不会停止。因为同时，欧洲沿着东部边境也侵略了亚洲。今天，俄国人、法国人、英国人、荷兰人和美国人是无可争议的亚洲巨大财富的拥有者。直到最近，他们仍然能够占有它们，这是因为他们在经济上远远优越于来自亚洲的敌人，而亚洲人完全没有机会。除了经济强大，他们还有最大的枪炮和最快的战舰。现在，欧洲人被侵略的日子已经过去，并且似乎永远不会再有被侵略的日子了。日本在过去的10年里花费了千百万美元周密地驯服中国人和印度人。在日本的领导下，亚洲又一次为重新发动最古老的、永久的战争——欧洲和亚洲之间的伟大斗争做好了准备。

结束语

　　我想说的绝大部分内容都已经在前面提过了。正如你将料到的一样，我正考虑将这些内容变为文字，出版成册。但我又面临一种作品形式的选择，是以精美的通俗文学作品形式出现呢，还是为空中电波准备的快速阅览的作品形式出现呢？我慎重地选择了坚持原始内容的广播版本。这是一个艰难的选择，因为我知道目前的作品还不够完美。最终，我们将毋庸置疑地以全新的技术改善广播散文。但这也许得花上很长一段时间，很长很长的一段时间。

　　我们相信，这会是美国首批出版的广播书籍之一，同时还在空中发表。我对美国国家广播公司的主人和我的出版商说过，对于空中广播来说，这是相当完美的。我们一致决定，我们应该坚持原始的文本，即使这将意味着在纯粹的文学角度来说会有相当奇妙的表演成分。

　　我另外又花了6个月的时间来修饰、润色这篇文本，删除重复的话语，去掉一些小圆点和破折号。因为那时还没有人发明像页码及其某页以后各页的标记，或渐强、渐弱的标记制度，所以得花时间转换广播脚本的页码为印刷页码。

　　因此，原稿将如实地呈现在你面前，就像忠诚的吉米费力译介的那样，每12张手写稿代表着5页半的脚本，这些内容大概需要花费12分钟的交流时间。这么多页码的纸张搁放在我电台广播室的小桌上，我的内心希望并祈祷着这上面没有任何明显的错误出现。

我们明白，一直都明白要将这个手稿转化为一本轻松阅读的书籍并不容易，我们还需要注重很多文学方面的精美追求。无论是谁，若要创作广播作品都必须懂得一个道理：他所从事的工作是要实现听觉效果的文学创作，而不是栩栩如生的视觉效果。因此，在当前的印刷技术下，这些广播作品必将遭遇到严重的阻碍。但是，没有这些阻碍（文学方面的阻碍），即使是最优秀的杰作，从空中广播的作品角度来看也将毫无用处。

我不能告诉你们太多了，我得为自己保留点恰当的机会。这样，我还能逃脱某些暴怒的评论，放弃文本转换中的一些工艺追求。我意识到，创作行动已经开始了，只是需要做得更加完美。从一开始我就知道。但那就是它运作的方式。当某个政党瓦解时，我们正在回家的出租车里，绝妙的想法也一直伴随着。

我所要讲的就是这些了。

在此，祝愿上帝保佑你们！

晚安！